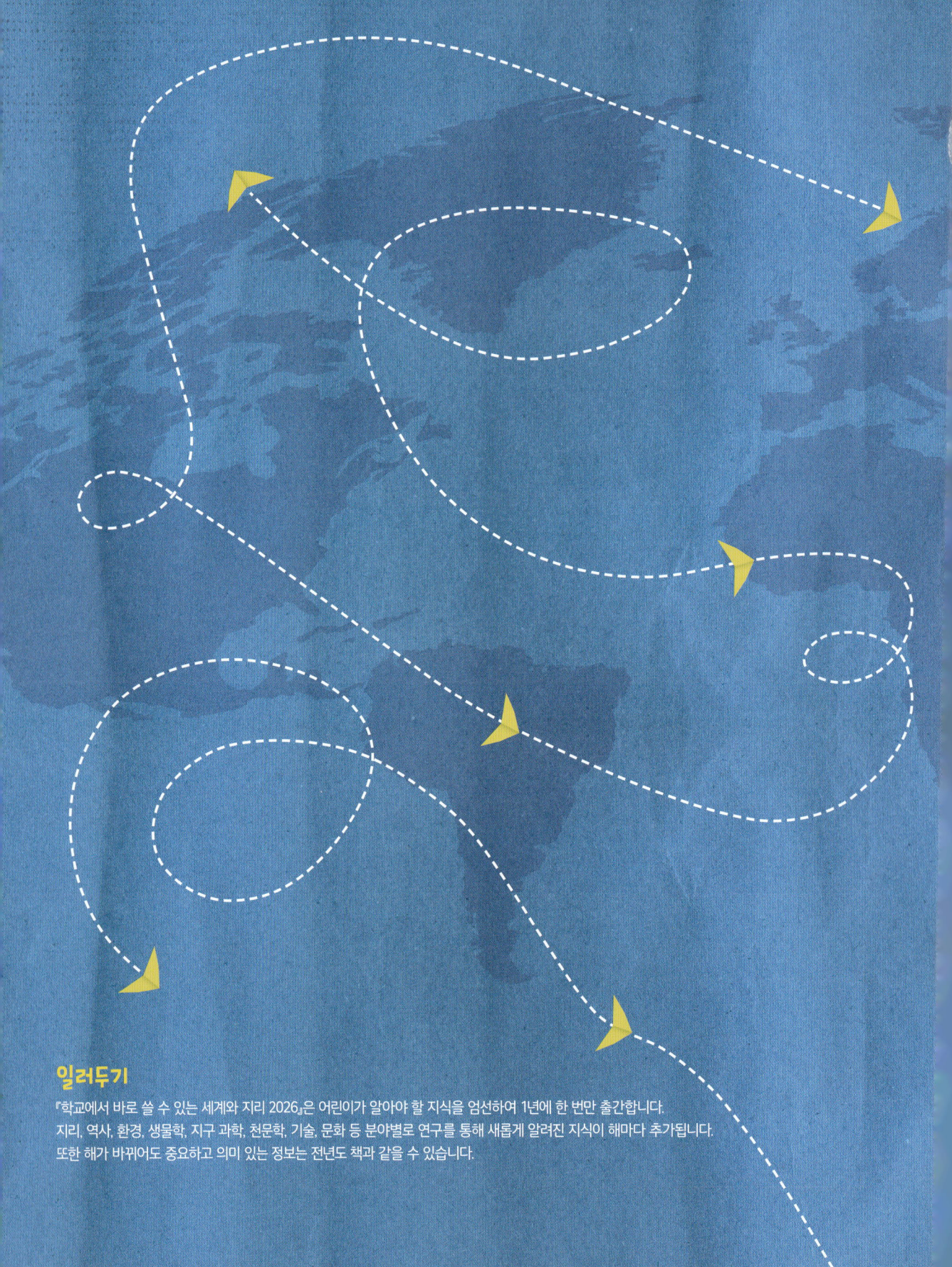

일러두기

『학교에서 바로 쓸 수 있는 세계와 지리 2026』은 어린이가 알아야 할 지식을 엄선하여 1년에 한 번만 출간합니다. 지리, 역사, 환경, 생물학, 지구 과학, 천문학, 기술, 문화 등 분야별로 연구를 통해 새롭게 알려진 지식이 해마다 추가됩니다. 또한 해가 바뀌어도 중요하고 의미 있는 정보는 전년도 책과 같을 수 있습니다.

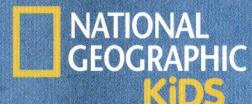

학교에서 바로 쓸 수 있는
세계와 지리 2026

시작해 볼까?

전 세계 탐험가들의 환상적인 사진!
올해의 기상천외한
지리, 자연, 문화, 역사 총집합!

비룡소

차례

이제 간다!

들어가며 8
지도를 보며 알아보아요! 10

제1장
2026년, 올해의 세계는? 12

꼭 기억해야 할 2026년 기념일 14
매일 2026배 더 재밌어지는 신기한 학교 16
판타스틱 놀라운 세계 정보 숫자 26에 관한 놀라운 사실들 18
세계에서 손꼽히는 엉뚱한 박물관들 20
2026년 세계에서 가장 엉뚱한 박물관 22
세계에서 손꼽히게 이상하고 별난 동물들 24
2026년 세계에서 가장 별난 동물 26
세계에서 손꼽히는 신기한 사진들 28
2026년 세계에서 가장 신기한 사진 30
숫자로 알아볼까요? 올해 내 몸에서 일어난 일들 ... 32
별난 세상의 별별 뉴스 34

제2장
여러모로 굉장한
아시아 36

지도를 보며 알아보아요! 38
비밀스러운 동물들 40
알록달록 색깔 구경! 42
판타스틱 놀라운 세계 정보 경복궁에 관한
아주 위대한 사실들 44
어디서든 꿋꿋하게! 46
숫자로 알아볼까요? 앙코르 와트 48
놀랍도록 특별한 에메랄드빛 폭포 50
여기는 대한민국! 52
숫자로 알아볼까요? 부르즈 할리파 54
놓치면 후회할 축제 56
어디에도 없는 박물관 58
내 성격을 알아보는 QUIZ 60

제3장
깜짝 놀랄 일이 많은 멋진
북아메리카 62

지도를 보며 알아보아요! 64
어딘가 수상한 장소 66
이상한 점을 찾아라! 이에르베 엘 아구아 68
숫자로 알아볼까요? 거대 지하 도시, 레소 69
혼을 쏙 빼는 건축물 70
펄펄 끓는 화산들 72
처음 보는 생명체 74
놀랍도록 특별한 고블린 계곡 76
판타스틱 놀라운 세계 정보 그랜드 캐니언에 관한
아찔한 사실들 78
꽁꽁 숨은 화석 찾기 80
놀랍도록 특별한 모레인 호수 82
바위가 만든 신비한 풍경 84
내 성격을 알아보는 QUIZ 86

제5장
기막히게 대단한 오세아니아 114

지도를 보며 알아보아요! 116
보석 같은 섬 118
판타스틱 놀라운 세계 정보 오세아니아에서만 사는
독특한 동물들 120
놀랍도록 특별한 울루루 122
색다른 시간 여행 나들이 124
숫자로 알아볼까요? 코알라 125
세상에 하나뿐인 멋진 건물 126
여행을 부르는 곳 128
내 성격을 알아보는 QUIZ 130

제4장
화려하게 아름다운 남아메리카 88

지도를 보며 알아보아요! 90
잊지 못할 멋진 장소들 92
놀랍도록 특별한 이구아수 폭포 94
당장 떠나고 싶은 휴가지 96
숫자로 알아볼까요? 엘 아테네오 그랜드 스플렌디드 98
놀랍도록 특별한 마추픽추 99
뜻밖의 사막 탐험 100
수상한 곤충들! 102
놀랍도록 특별한 아마존 열대 우림 104
아주 기묘한 식물 이야기 106
창의적인 건축물 108
판타스틱 놀라운 세계 정보 남아메리카 동물에 관한
엄청난 사실들 110
내 성격을 알아보는 QUIZ 112

차례

제7장
아주 특별한 유럽 156

지도를 보며 알아보아요! 158
자연이 만든 놀라운 풍경 160
하늘을 찌르는 성당들 162
경치가 멋진 호텔 164
이상한 점을 찾아라! 아이스호텔 165
한 번 보면 절대 잊지 못할 작품들! 166
판타스틱 놀라운 세계 정보 이상한 연례행사에 관한
재미있는 사실들 168
독특한 철도역 170
숫자로 알아볼까요? 콜로세움 171
놀랍도록 특별한 공중 수도원 172
얼음의 재발견 174
별난 테마파크 176
초현실 건축물 178
내 성격을 알아보는 QUIZ 180

제6장
태초부터 멋진 아프리카 132

지도를 보며 알아보아요! 134
초원에서 살아남기 136
기록을 향한 도전 138
숫자로 알아볼까요? 세렝게티 국립 공원 140
놀랍도록 특별한 바위 절벽 142
위험해서 더 특별한 곳들 144
놀랍도록 특별한 홍학의 둥지 146
숫자로 알아볼까요? 다나킬 사막 147
판타스틱 놀라운 세계 정보 피라미드에 관한 믿기 힘든 사실들 .. 148
놀랍도록 특별한 칼날의 숲 150
고대의 수수께끼 152
내 성격을 알아보는 QUIZ 154

제9장
새롭고 환상적인 바다와 우주 196

지도를 보며 알아보아요! 198
별나고 괴상한 바닷속 생물들 200
놀랍도록 특별한 빛나는 바다 202
바다 생물의 특이한 행동 204
숫자로 알아볼까요? 달 탐사 206
로봇이 밝히는 우주의 비밀 208
아주 머나먼 은하계! 210
판타스틱 놀라운 세계 정보 행성들에 관한 천문학적으로
놀라운 사실들 212
깜짝 퀴즈 214

찾아보기 216
사진 저작권 222

제8장
끝없는 매력을 가진 남극 대륙 182

지도를 보며 알아보아요! 184
놀랍도록 특별한 하늘을 수놓은 신비한 빛 186
판타스틱 놀라운 세계 정보 남극 대륙에서도 잘 사는
생물들에 관한 시원시원한 사실들 188
남극 바닷속의 수상한 생물들 190
빙판 위의 펭귄들 192
숫자로 알아볼까요? 가장 추운 대륙 193
깜짝 퀴즈 194

찬물 최고!

들어가며

우리가 사는 지구는 참 특별한 곳이에요.
가만히 들여다보면 매일매일 놀랍고도 엉뚱한 일들이 일어나고 있죠.
이 책은 그중에서도 정말 눈길을 끄는 이야기들만 모았답니다! 보기만 해도 웃음이 빵 터지는 동물, 믿을 수 없을 만큼 이상한 장소, 상상도 못할 사건 들을 만나게 될 거예요. 어떤 건 너무 생뚱맞아서 의심이 들지도 몰라요. 하지만 그게 바로 지구가 재미있는 이유죠! 이제 깊은 바닷속으로 뛰어들고, 머나먼 우주까지 여행하면서 우리가 몰랐던 놀라운 사실들을 하나하나 발견해 봐요. 지금껏 본 적 없는 지구의 모습이 바로 여기에 있어요!

평범한 건 지루하지? 여긴 달라!

이 책을 제일 재밌게 읽는 방법!

대단한 지구 탐험을 시작하기 전에 먼저 **제1장 올해의 세계는?**을 만나 보세요. 2026년에 꼭 알아야 할 기막히게 웃기고, 엉뚱한 뉴스들이 한가득 준비되어 있답니다. 그다음에는 지구의 대륙들을 하나씩 여행해 봐요. **놀랍도록 특별한 것**을 발견하면 친구에게 자랑해 보세요. **기막히게 귀여운 동물**은 보기만 해도 웃음이 나오지요. **숫자로 알아볼까요?**에서는 상상도 못한 정보들이 있으니 눈을 크게 뜨고 살펴봐요! **내 성격 퀴즈**를 통해 자신에 대해 새롭게 알아보는 재미도 쏠쏠하답니다. 자, 이제 이 책장을 넘기기만 하면 놀라움과 웃음이 가득한 여행이 시작돼요! 다들 준비됐죠? 그럼, 출발!

지도를 보며 알아보아요!

우리가 사는 **지구**는 정말 **신기한 것**들로 가득해요. **깊은 바닷속**부터 가장 높은 **산꼭대기**까지 말이에요!

아이슬란드의 수도 **레이캬비크**는 전 세계 수도들 가운데 가장 **북쪽**에 있어요.

벨리즈의 국기에는 무려 **19가지 색**이 쓰였어요. 세계에서 가장 다양한 색의 국기예요.

복어 한 마리에 들어 있는 **독**으로 어른 13명을 죽일 수 있대요! **해독제**도 없지요.

세계에서 가장 추운 곳은 남극의 높은 언덕 지대예요. 기온이 약 **섭씨 영하 90도**로, 피까지 얼어붙을 정도로 추워요!

지구는 하루에 한 바퀴씩 **빙글빙글 돌아요**. 적도에서 속도를 재 봤더니 약 **시속 1670킬로미터**나 됐대요. **전투기** 속도만큼 빠른 거예요!

몽골은 전체 **땅의 80퍼센트**가 초원과 사막, 산악 지대여서 도시의 불빛이 적어요. **세계에서 별이 가장 잘 보이는 나라**로 꼽히지요.

북극해

유럽

아시아

몽골

태평양

아프리카

인도양

오세아니아

오스트레일리아

뉴질랜드

뉴질랜드에는 사람보다 **양**이 훨씬 많아요! 인구는 약 500만 명이지만, 양은 **2500만 마리**가 넘어요.

남극해

남극

지구에 있는 물의 약 **2.5퍼센트**만이 짜지 않은 **민물**이에요. 그것도 대부분 **빙하나 땅속 깊은 곳**에 있어서 쓸 수 있는 물은 더 적어요.

제1장

2026년, 올해의 세계는?

올해는 뭐냥?

세상에서 가장 새롭고, 놀라운 것들을 찾고 있나요? 그렇다면 잘 찾아왔어요! 지구에는 정말 별의별 것이 다 있거든요!

꼭 기억해야 할 2026년 기념일

매일이 새로운 기념일이라니 조금 엉뚱하게 들릴 수도 있지만, 2026년에도 재미있는 날들이 기다리고 있어요. 고양이부터 해적, 짝짝이 신발까지! 별별 것들을 기념하는 날들로 꽉 차 있거든요.

1월 16일
매운 음식의 날
매운 음식을 좋아하나요? 매운맛을 내는 캡사이신은 뇌를 자극해 땀이 나게 해서 스트레스를 풀어 준대요. 하지만 적당히 먹는 게 좋아요. 너무 많이 먹으면 입안이 화끈거리고, 속이 따끔따끔 아플 수도 있거든요!

2월 21일
세계 모어의 날
'모어(母語)'는 사람이 자라면서 처음 배운 말을 뜻해요. 전 세계에는 사라져 가는 언어들이 많아요. 그래서 유네스코는 이날을 정하고 모든 언어를 아끼자고 약속했지요. 책을 읽거나 가족과 옛이야기를 나누며 우리말의 소중함을 생각해 보아요. 언어는 우리가 세상을 만나는 특별한 다리랍니다!

3월 14일
파이의 날
원둘레와 지름의 비인 원주율을 나타내는 수학 기호 '파이(π)'를 기념하는 날이에요. 파이를 숫자로 쓰면 3.14159…라서 파이의 날 기념 행사는 3월 14일 오후 1시 59분에 열려요. 이날을 위한 특별한 파이를 파는 가게도 있답니다.

5월 3일
짝짝이 신발의 날
우리의 발은 두 개인데 왜 꼭 같은 신발을 신어야 할까요? 내가 제일 좋아하는 신발 한 짝을 골라서 한쪽씩 짝짝이로 신으면 더 신날 텐데요! 짝짝이 신발로 나만의 개성을 뽐내고, 다른 사람의 개성도 기분 좋게 받아들이는 마음을 가져 보세요. 미국에만 있는 날이에요.

4월 14일
짜장면 먹는 날
2월 14일 발렌타인데이, 3월 14일 화이트데이는 연인을 위한 날이에요. 그런데 4월 14일은 조금 달라요. 연인이 없어서 초콜릿도 사탕도 받지 못한 사람들이 짜장면을 먹으며 보내는 날이거든요. 우리나라에만 있는 기념일이랍니다.

6월 21일
셀카의 날

셀카는 '셀프 카메라(self camera)'의 줄임말이에요. 카메라나 휴대폰을 들고 자신의 모습을 사진이나 동영상으로 찍는 거지요. 혼자, 또는 친구들과 셀카 찍는 걸 좋아하나요? 셀카의 날을 기념하며 두고두고 자랑할 인생 사진을 찍어 보세요. 찰칵!

7월 3일
일회용 비닐봉지 없는 날

비닐봉지는 정말 자주 쓰는 물건이에요. 편의점에서 과자를 사거나, 마트에서 물건을 담을 때 등 거의 매일 쓰지요. 하지만 이렇게 얇은 비닐봉지 하나가 자연에서 완전히 사라지기까지는 무려 500년이 넘는 시간이 걸린답니다. 이날만큼은 장바구니를 챙기거나, 비닐 대신 종이봉투를 써 보는 건 어때요? 작은 실천이 지구를 지키는 큰 힘이 될 수 있어요!

8월 8일
세계 고양이의 날

전 세계에는 반려동물을 기념하는 날이 많아요. 특히 고양이를 위한 날이 많은데요. 나라별 고양이의 날(우리나라는 9월 9일!)은 물론, 어떤 나라에는 6월 4일 고양이를 안아 주는 날, 9월 1일 치즈 고양이의 날도 있어요.

9월 19일
해적처럼 말하는 날

어떻게 해적처럼 말하냐고요? 인사할 때 "아호이!", 기분 좋을 땐 "요호호!"라고 하면 돼요. 말을 하기 전에는 목에서 "아르르" 같은 가래 끓는 소리를 내야 하고요. 처음엔 미국에 사는 두 친구가 장난삼아 만든 날이었지만, 지금은 세계 곳곳에서 다 같이 즐기는 엉뚱한 기념일이 되었답니다.

10월 15일
손 씻기의 날

손 씻기는 건강을 지키는 가장 쉬운 방법이에요. 비누와 물로 30초 이상 손을 구석구석 깨끗하게 씻으면 손에 묻은 세균의 99.8퍼센트를 없앨 수 있어요. 특히 화장실에서 볼일을 보고 난 뒤나 밖에서 신나게 놀고 들어온 후에는 꼭 손을 씻으세요!

11월 16일
패스트푸드의 날

핫도그, 감자튀김, 햄버거! 이름만 들어도 군침이 도는 이 음식들은 바로 '패스트푸드'예요. 주문하면 금방 나오는 데다, 바삭하고 짭짤해서 정말 맛있죠. 건강에 썩 좋은 음식은 아니지만, 오늘만큼은 걱정은 잠깐 넣어 두고 맛있게 즐겨 봐요. 대신 내일부터는 채소와 과일 먹기도 잊지 말기로 약속!

12월 4일
산타클로스 작전의 날

산타클로스는 12월 25일 크리스마스에 착한 아이들에게 선물을 주죠! 미국에서는 12월 4일, 바쁜 산타클로스를 도와 힘든 시간을 보내는 친구들에게 선물과 편지를 전하는 '산타클로스 작전'이라는 행사를 열어요. 올해 착한 일을 많이 했다면, 도움이 필요한 친구를 위해 나누고 싶은 마음을 떠올려 보세요. 크리스마스에는 선물을 받는 기쁨만큼이나 마음을 나누는 기쁨도 소중하답니다!

매일 2026배 더 재밌어지는 신기한 학교

우리 학교는 어떻게 생겼나요? 네모난 모양에 창문이 많은 건물인가요? 그런데 세상에는 우리가 다니는 학교와는 전혀 다른, 아주 특별한 학교들도 있어요. 이런 학교에서 하루를 보낸다면 매일이 신나는 모험처럼 느껴질지도 모르죠!

계단이 이어 주는 교실

2007년 덴마크 코펜하겐에서 문을 연 이 학교 건물에는 네모난 교실이 하나도 없어요. 대신 건물 중심의 커다란 나선형 계단이 위아래 층을 이어 주며, 여러 학습 공간들을 자연스럽게 연결하지요. 이 공간들은 벽이나 긴 복도 없이 열려 있어서 친구들과 둘러앉아 이야기하기에도, 조용히 혼자 생각하기에도 좋아요. 이 학교는 종이 교과서 대신 디지털 자료로 공부해요. 모든 수업 자료는 온라인으로 볼 수 있어서 노트나 종이책은 거의 쓰지 않는대요. 특히 이곳은 방송·문화에 특화된 학교라서 전문 스튜디오와 음향실, 영상 편집실 같은 첨단 설비가 마련되어 있어요. 학생들은 이 장비들을 실제 수업과 프로젝트에서 자유롭게 활용할 수 있답니다. 이런 멋진 학교에서 공부한다면 창의력이 저절로 자라나지 않을까요? 어쩌면 여러분도 여기서 세상을 깜짝 놀라게 할 아이디어를 떠올리게 될지 몰라요!

> 이 학교는 4층짜리 건물을 통째로 하나의 커다란 교실로 디자인했어요.

둥둥 떠 있는 학교

캄보디아 끄발 따올 마을의 톤레사프호 위에는 뗏목에 세워진 학교가 있어요. 비가 많이 내려 호수의 물이 불어나면 호수 건너편 학교에 가기 힘든 아이들을 위해 지어진 학교예요. 학생들은 작은 보트를 타고 학교로 향해요. 물이 불어나도 학교는 늘 호수 위에 떠서 아이들을 기다리고 있지요. 이 학교는 1996년에 처음 세워졌고, 두 채의 건물에서 각각 50~60명의 아이들이 공부할 수 있대요. 하지만 매년 우기가 오기 전에 건물을 받친 뗏목을 고쳐야 하는데, 오랫동안 수리를 하지 못해 학교가 점점 낡아졌어요. 다행히 2023년부터 여러 단체의 도움으로 공사를 하면서 새롭게 단장 중이랍니다.

대나무로 만든 녹색 학교

인도네시아 발리에는 대나무로 지은 학교가 있어요. 그린 스쿨이라는 이름으로 불리지요. 대나무는 발리에서 흔한 나무예요. 빨리 자라고 튼튼한 데다 가볍고 재활용도 쉬워서 학교 건축 재료로 제격이지요. 학교 안 모든 가구와 책상, 책장도 대나무로 만들어졌어요. 이 학교는 환경을 아주 중요하게 여겨요. 전기는 태양광과 물의 흐름을 이용한 방식으로 대부분 자체 생산하고, 화장실에서 나오는 유기물은 퇴비로 만들어 학교 텃밭에 비료로 준대요. 이 학교는 배우는 내용도 남달라요. 수학, 역사 같은 과목은 물론, 지속 가능한 삶과 환경에 대해서도 배우지요. 또 대나무 악기를 만들어 연주하고, 천연 염색도 해 보고, 초콜릿 만들기 체험 같은 활동도 해요.

숫자 26에 관한

판타스틱 놀라운 세계 정보

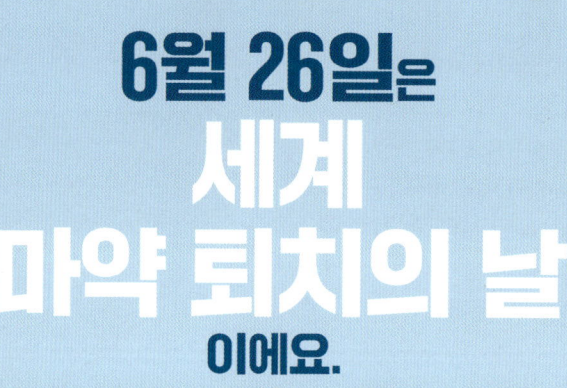

6월 26일은 **세계 마약 퇴치의 날** 이에요.

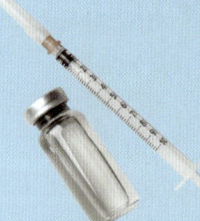

영어 알파벳은 모두 **26글자**예요.

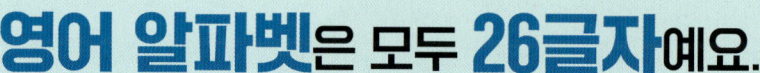
ABCDEFGHIJKLMNOPQRSTUVWXYZ

미국 항공 우주국에 따르면 **낮잠**은 **26분** 자는 게 제일 좋대요!

사람의 발 한쪽은 **26개의 뼈**로 이루어져 있어요.

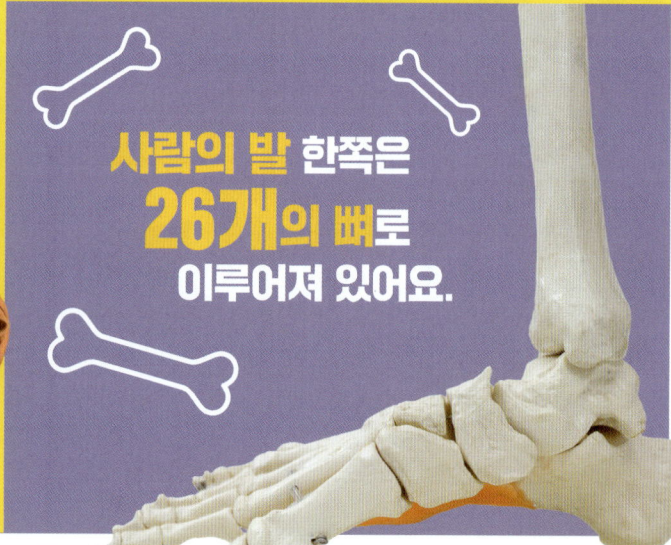

놀라운 사실들

2026년을 기념해 알려 드립니다!

마라톤은 26마일 385야드, 그러니까 약 42.195킬로미터를 뛰는 아주 긴 **달리기 경기**예요.

크리스마스 다음 날인 **12월 26일은 박싱 데이**라고 해요. 영국이나 캐나다에서는 **이날 쉬면서 가족이나 친구들과 선물이 든 상자를 주고받는답니다!**

두뇌 풀가동!

3X3X3 루빅큐브는 **26개**의 작은 조각들로 이루어져 있어요.

세계에서 **26번째로 큰 나라**는? **에티오피아!**

세계에서 손꼽히는 엉뚱한 박물관들

세상에 이런 박물관이 있다고요? 너무 기묘하고 이상해서 정신이 살짝 아득해질지도 몰라요. 준비됐나요? 자, 이제 신기한 박물관의 문이 활짝 열립니다!

미라가 잠든 박물관

숨 참고 따라오세요! 이곳엔 관람객보다 미라가 더 많을지도 몰라요. 이탈리아 시칠리아섬 팔레르모에 있는 카푸친 수도원 지하에는 8000구가 넘는 유해와 1200여 구의 미라가 벽을 따라 줄줄 전시되어 있어요. 원래는 성직자나 수도사, 평범한 사람들이 묻히는 지하 묘지였어요. 지금은 누구나 볼 수 있는 곳이 되었지요. 시신은 이곳에서 바짝 말리고 약을 발라서 미라로 만들었어요. 높은 지위에 있었거나 부자였던 사람은 살아 있을 때 입던 옷을 그대로 입고 있어 시간이 멈춘 듯한 모습으로 남아 있다고 해요.

라면 박물관

라면에 진심인 사람은 모두 주목하세요! 여기 라면 천국이 있거든요! 지금 우리가 먹는 인스턴트 라면은 일본의 안도 모모후쿠라는 사람이 1958년에 처음 만들었어요. 그는 라면 회사를 세우고, 일본 오사카와 요코하마에 라면 박물관을 열었지요. 이곳에서는 라면이 어떻게 생겨났는지 살펴보고, 직접 라면을 만들어 볼 수도 있어요. 컵라면 용기를 디자인하고 원하는 스프와 토핑을 골라서 나만의 컵라면을 완성하는 거죠. 반죽한 뒤 면을 뽑고 건조하고 포장까지 직접 하는 나만의 봉지라면도 만들 수 있으니 취향껏 체험해 보세요!

물속에 잠긴 박물관

스쿠버 다이빙을 할 수 없다면 절대 갈 수 없는 박물관이 있어요. 바로 멕시코 칸쿤 해양 국립 공원에 있는 세계에서 가장 큰 수중 박물관, '무사'예요. 영국 출신 조각가 제이슨 테일러가 지역 주민들의 모습을 본떠 만든 500여 개의 조각상들이 전시되어 있지요. 조각상은 산호가 자라기 좋은 친환경 시멘트로 만들어졌어요. 2009년에 처음 문을 연 이후, 이곳에 산호와 여러 바다 생물이 자리를 잡으면서 새로운 바닷속 생태계가 만들어지고 있답니다.

조각상에는 다양한 크기의 구멍과 틈이 있어서 바다 생물들이 숨거나 쉴 수 있어요.

악마들이 모여 사는 박물관

웃고 있는 악마를 마주쳐도 놀라지 마세요! 여긴 그런 박물관이니까요. 리투아니아의 도시 카우나스에는 온갖 악마들로 가득한 박물관이 있어요. 3000점이 넘는 악마 조각품과 미술 작품들이 모여 있죠. 악마 박물관은 원래 화가였던 안타나스 즈무이지나비추스가 모아 온 수집품으로 시작되었어요. 리투아니아뿐만 아니라 일본, 멕시코, 아프리카 등 세계 여러 나라에서 온 악마 관련 작품들을 볼 수 있답니다. 박물관에서는 리투아니아와 주변 나라에 전해 내려오는 악마 이야기도 들을 수 있어요. 어떤 악마는 돌을 만들었다고 하고, 또 어떤 악마는 술과 관련된 장난을 치기도 한대요. 끝까지 긴장을 놓지 말아요! 어쩌면 진짜 악마가 슬쩍 나와서 장난을 걸지도 모르니까요!

2026년 세계에서 가장 엉뚱한 박물관

대망의 1위는…

우승

국제 UFO 박물관 및 연구 센터

UFO, 즉 미확인 비행 물체란 하늘에 나타났지만 정체를 알 수 없는 물체를 뜻해요. 사람들은 흔히 외계 생명체가 타고 온 비행접시를 떠올리곤 하죠. 미국 로즈웰에는 UFO와 관련된 여러 자료를 전시하고 연구하는 국제 UFO 박물관 및 연구 센터가 있어요. 이곳은 1947년, 한 목장 주인이 들판에서 이상한 잔해를 발견한 사건을 계기로 세워졌어요. 처음 미국 공군은 그 잔해를 UFO의 흔적이라고 발표했어요. 그런데 다음 날 갑자기 말을 바꿔 기상 관측용 풍선이라고 해명했죠. 사람들은 고개를 갸웃했어요. 말을 바꾼 이유는 뭔가 숨기는 게 있기 때문이라는 의심이 커지면서 정부가 외계 생명체의 흔적과 심지어 외계 생명체의 시체까지 비밀 장소로 옮겨 연구한다는 소문이 퍼졌지요. 나중에 군이 다시 해명했지만 사람들은 여전히 믿지 않았어요. 오히려 이 사건을 계기로 UFO와 외계 생명체에 대해 더 알고 싶어 했고, 지금의 국제 UFO 박물관이 세워지게 되었답니다.

국제 UFO 박물관 및 연구 센터에는 외계 생명체와 UFO에 대한 자료로 가득한 **도서관**도 있어요.

로즈웰은 **도시 전체가 외계 테마로** 꾸며져 있어요. UFO 모양의 햄버거 가게와 외계 생명체 얼굴의 가로등도 만날 수 있죠!

안녕, 지구인!

세계에서 손꼽히게 이상하고 별난 동물들

유리처럼 몸이 투명한 개구리부터 지독한 냄새를 풍기는 거대한 새까지!
자연에는 신기한 동물들이 가득해요. 진짜 장난 아니에요!

유리개구리

유리개구리는 몸속이 유리처럼 훤히 보여서 이런 이름이 붙었어요. 몸속의 장기나 혈관, 그리고 피가 흐르는 모습까지 다 보이죠! 몸은 잠을 잘 때 더 투명해져요. 자신을 공격할지도 모를 적에게 들키지 않기 위해서예요. 피를 빨갛게 만드는 적혈구까지 간으로 보낸다니까요! 그러면 혈관도 투명해져서 유리개구리는 더 안 보이게 돼요. 커다란 나뭇잎 밑에 붙어 잠자는 녀석을 찾기가 정말 어려워지는 거죠. 유리개구리는 중앙아메리카와 남아메리카의 열대 우림에서 살아요. 몸 길이는 2~3센티미터 정도로, 같은 곳에 사는 다른 개구리보다 작답니다.

비결은 간 때문이야!

유리개구리의 **간**은 **반사막**으로 **덮여 있어서** 적혈구가 모여도 붉게 보이지 않아요.

24 올해의 세계는?

흉내문어

흉내문어는 바닷속의 변신 천재예요. 몸의 색깔과 질감을 바꾸는 건 기본이고, 여덟 개의 다리를 자유자재로 움직여 다른 동물처럼 보이게 하지요. 두 다리를 위로 쭉 뻗어 머리 위로 올리면 마치 쏠배감펭('라이온피시'라고도 불리는 물고기예요!)의 날카로운 독가시가 돋아난 것처럼 보이고, 몸을 납작하게 눌러 바닥에 붙어 있으면 넙치나 가자미로 착각하게 되어요. 다섯 다리를 활짝 뻗으면 어느새 바닷속 불가사리로 변신! 이런 변신술은 위험에서 벗어날 때는 물론, 작은 먹잇감을 꾀어내 사냥할 때도 써요.

홉킨스장미갯민숭달팽이

바닷속에서 장미꽃을 발견했다면 절대 꺾으려고 하지 마세요. 진짜 장미꽃이 아니라, 몸에 독을 숨기고 있는 홉킨스장미갯민숭달팽이일지도 모르니까요! 이 동물은 북아메리카 서쪽 바닷가 근처에 살아요. 등에 난 분홍색의 길고 화려한 돌기가 꼭 바닷속에 핀 장미꽃처럼 보이지요. 이 동물은 먹이를 통해 얻은 독을 몸속에 저장해서 자신을 공격하려는 적을 물리쳐요. 바다의 장미처럼 예쁘지만, 쉽게 건드릴 상대는 아니랍니다!

호아친

남아메리카에서만 사는 호아친은 정말 독특하게 생긴 새예요. 머리에는 깃털처럼 생긴 길쭉한 볏이 곤두서 있고, 얼굴은 파란데 눈은 빨개서 아주 눈에 잘 띄어요. 갓 태어난 호아친 새끼는 날개 앞쪽에 날카로운 발톱이 돋아 있어서 나무를 잘 타요. 이 발톱은 2~3주 정도 지나면 사라지는데 과학자들은 이 점이 시조새처럼 공룡이 새로 진화한 모습을 보여 주는 증거라고 추측해요. 다 자란 호아친은 몸길이가 약 60센티미터쯤 되고, 다른 새들처럼 능숙하게 날지 못해요. 주로 나무에 앉아 지내며 뱀이나 도마뱀처럼 '쉿쉿' 하는 소리를 내죠. 가슴 근육을 대신하는 모이주머니 안에서 먹이를 박테리아와 함께 발효시켜 소화하는데요. 이때 아주 고약한 냄새를 풍겨서 악취새, 스컹크새라는 별명이 생겼어요.

2026년 세계에서 가장 별난 동물

대망의 1위는…

공작거미

이 거미에게 박수를 보내 주세요! 세상에서 제일 멋지게 춤추는 거미거든요. 공작거미는 대부분 오스트레일리아에서 살아요. 몸길이는 5밀리미터 정도로 쌀알만큼 작지요. 다른 거미들은 거미줄을 쳐서 먹이를 잡지만, 공작거미는 깡충깡충 뛰어다니며 직접 사냥을 해요. 점프력이 아주 대단하답니다! 수컷 공작거미의 배에는 공작새처럼 화려한 색과 무늬가 있어요. 반면 암컷은 회갈색 몸에 무늬는 거의 없지요. 수컷은 암컷을 만나면 아주 특별한 쇼를 펼쳐요! 물구나무서듯 배를 번쩍 들어 몸을 일으키고는 다리를 한 쪽씩 번갈아 쭉쭉 뻗는 거예요. 몸 전체를 좌우로 흔들기도 하죠. 암컷의 마음을 사로잡으려고 이런 멋진 춤을 추는 거예요. 하지만 조심해야 해요. 암컷은 춤이 마음에 들지 않으면, 사랑을 거절할 뿐만 아니라 수컷을 잡아먹기도 하거든요!

공작거미는 눈이 8개예요! 그중 맨 앞의 큰 눈 4개의 시력이 특히 좋아요.

세계에서 손꼽히는
신기한 사진들

이 사진들이 진짜라는 걸 믿기 어렵나요? 놀라운 순간과 뜻밖의 장면이 담긴 특별한 사진들을 살펴봐요.

눈 괴물이 나타났다!

겨울 산에 눈 괴물들이 득실거려요. 신비한 존재들을 순간 포착하는 데 성공한 걸까요? 이 사진은 일본 야마가타현 자오산에서 찍은 거예요. 사진 속 눈 괴물의 정체는 눈과 얼음이 잔뜩 쌓인 나무랍니다. 이런 나무를 '수빙'이라고 하지요. 어떻게 나무가 괴물의 모습으로 변하게 된 걸까요? 겨울철 차가운 공기 중에 떠다니는 아주 작은 물방울이 산을 타고 올라가다가 강한 바람을 만나면 나무에 붙어 얼어 버려요. 이렇게 작은 얼음이 붙은 나무에 눈과 얼음이 차곡차곡 쌓이면 나무는 얼음 갑옷을 입은 거인처럼 커다랗게 변하지요. 이 장관을 가까이서 보려면 커다란 탱크 같은 설상차를 타고 수빙 숲속으로 들어가야 해요. 중간중간에 스노보드를 타는 용감한 사람들을 볼 수 있는데, 전문 가이드 없이는 타기 어렵다고 하니 우리는 설상차 창밖으로 펼쳐지는 숲의 장관을 천천히 감상하는 게 더 좋겠어요.

> 오늘은 몇 명이나 놀라려나.

수빙들은 높이가 5~6미터를 훌쩍 넘어요!

28 올해의 세계는?

앞이야, 뒤야?

이 펭귄, 앞으로 걷고 있는 걸까요? 아니면 목이 뒤로 돌아간 걸까요? 사진 속 펭귄은 남극 근처 사우스조지아섬에서 발견된 온몸이 까만 황제펭귄이에요. 보통 등이 검고, 배는 하얀색인 황제펭귄이 많지요. 하지만 이 녀석은 멜라닌 색소가 너무 많이 만들어지는 '흑색증'이라는 유전자 변이 때문에 피부와 깃털이 모두 검은색을 띠어요. 같은 이유로 온몸이 하얗거나 노란 펭귄도 아주 가끔 발견된답니다.

가오리가 웃고 있다?

사진 속 가오리를 보세요. 카메라를 향해 활짝 웃는 것 같아요. 그런데 사실 가오리가 웃고 있는 게 아니에요. 우리가 얼굴이라고 생각하는 부분은 가오리의 진짜 얼굴이 아니라, 배에 있는 입과 콧구멍이랍니다. 입 위에 있는 콧구멍 두 개가 눈처럼 보여서 웃는 얼굴로 착각하게 되는 거예요. 우리의 뇌는 사람의 얼굴을 알아보는 데 아주 뛰어나서 조금만 비슷해도 얼굴로 인식해 버려요. 그래서 구름, 돌, 나무, 자동차 전조등 같은 데서도 사람 얼굴 모양을 찾아내곤 하지요.

빙하가 사라진 그린란드

늘 하얗게 그린란드의 산 정상에 있던 눈이 사라지고, 바다 위에 떠 있던 빙하에는 큰 구멍까지 생겼어요. 지구가 점점 따뜻해지고 기후 변화가 심해지면서 극지방에도 매년 폭염이 찾아오고 있어요. 그만큼 빙하가 녹는 속도도 더 빨라지고 있지요. 2025년 5월, 그린란드의 평균 기온은 1991년부터 2020년까지의 5월 평균 기온보다 무려 섭씨 13도나 더 높았고, 빙하가 녹는 속도는 17배나 더 빨라졌대요. 이대로 계속 따뜻해진다면 그린란드의 얼음은 언젠가 모두 사라질지도 몰라요.

2026년 세계에서 가장 신기한 사진

대망의 1위는…

우승

태양의 극지방

지구처럼 태양에도 남극과 북극이 있어요! 태양의 극지방은 어떻게 생겼을까요?

태양은 지구의 모든 생명체가 살아갈 수 있게 해 주는 아주 중요한 별이에요. 하지만 우리는 아직 태양에 대해 모르는 게 참 많아요. 너무 멀고, 또 너무 뜨겁기 때문이지요. 그래서 과학자들은 더 잘 알아내기 위해 태양에 탐사선을 보내고 있어요. 그중 하나가 유럽 우주국의 '솔라 오비터'예요. 이 탐사선은 처음으로 태양의 적도 아래로 내려가 태양의 남극 사진을 찍었어요. 앞으로는 태양의 북극 사진은 물론, 더 자세한 태양의 극지방 사진들도 찍을 예정이라고 해요.

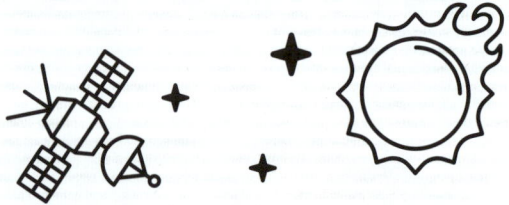

솔라 오비터는 태양에서 **약 5100만 킬로미터 떨어진 곳**에서 태양의 남극을 촬영했어요.

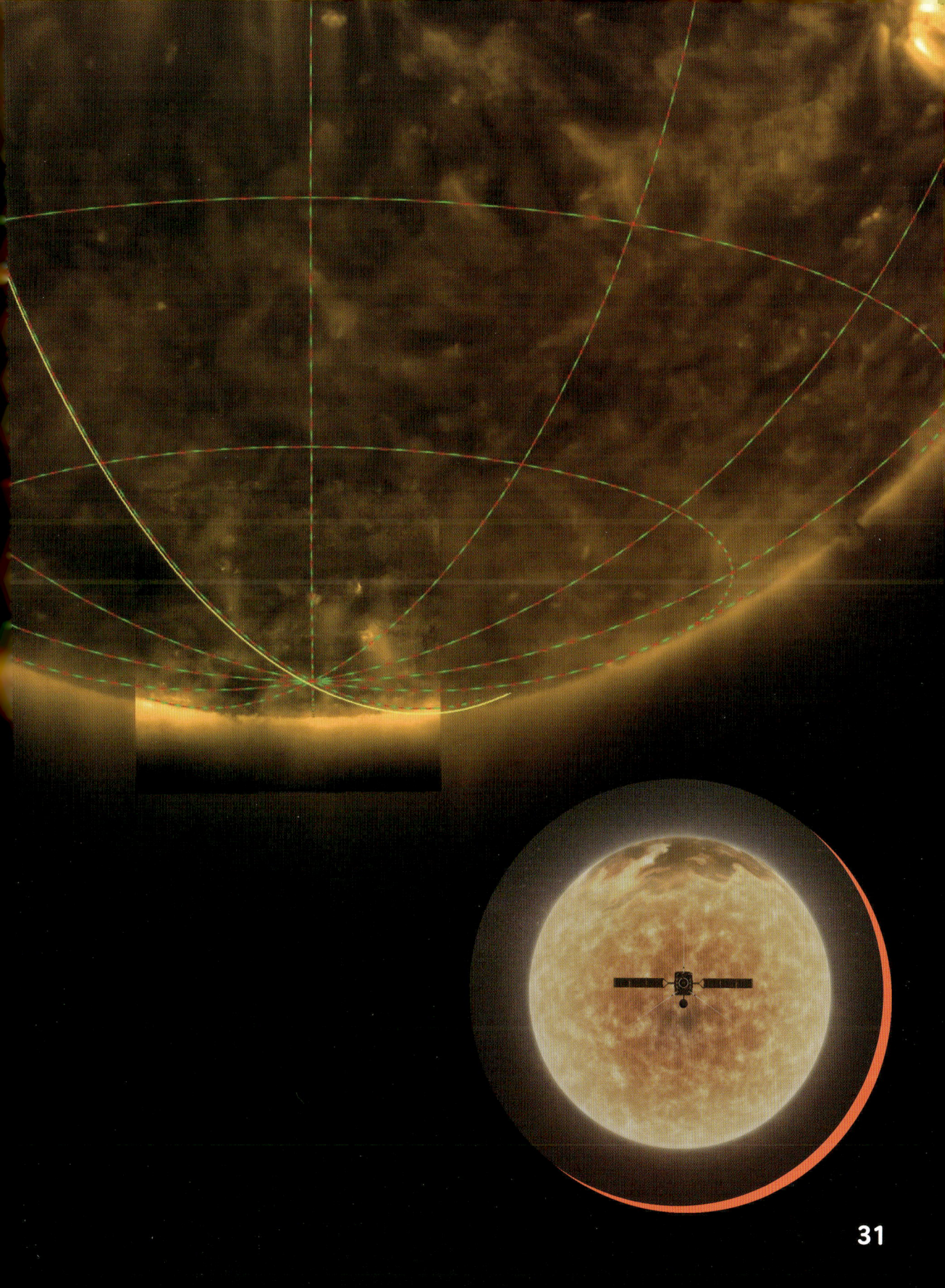

숫자로 알아볼까요?

올해 내 몸에서 일어난 일들

여러분은 올 한 해 동안 어떤 일을 했나요? 여러분이 공부하고, 놀고, 잠자는 사이 여러분의 몸도 쉬지 않고 놀라운 일들을 해냈어요! 한 해 동안 내 몸이 한 일들을 알고 나면 정말 깜짝 놀랄 거예요.

5분만 더…

우리는 보통 **1년**에 **3000~3500번** 정도 **하품**을 해요. 하루에 **8~10번**쯤 하는 셈이에요.

사람의 **뇌**는 **1년 동안** 거의 **200만 가지 생각**을 해요. 잠자는 8시간을 빼면, **1분에 약 6~7가지** 생각을 하는 거예요!

사람은 **눈을 1년에 약 550만 번** 깜빡여요. 하루에 15,000번, 1분에 최대 20번이나 깜빡이는 거죠.

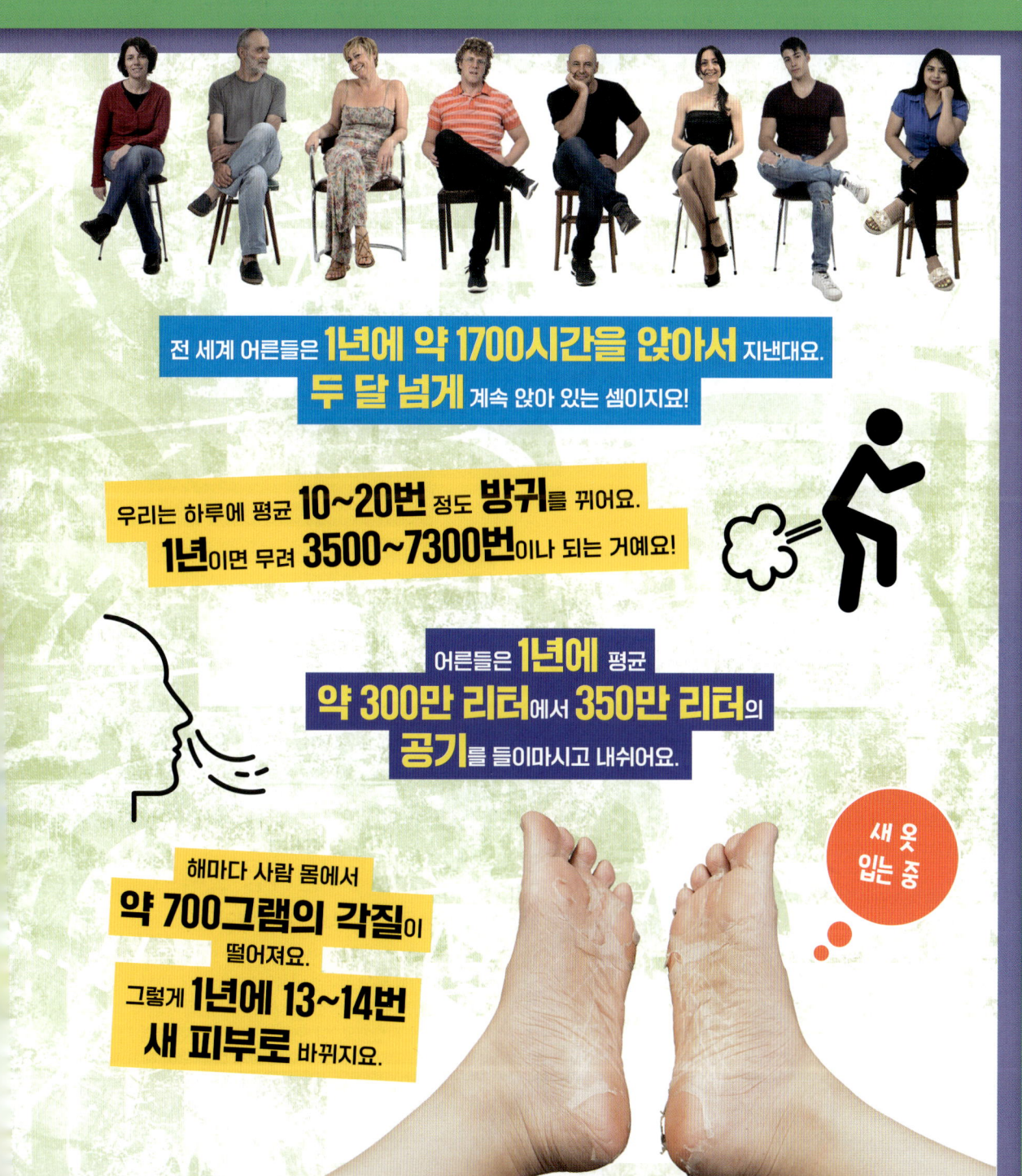

별난 세상의 별별 뉴스

올해에도 세계 곳곳에서는 별일이 다 일어났어요!
웃음이 터지는 순간부터 고개가 절로 갸웃해지는 소식까지 모두 만나 보아요!

오싹한 핏빛 바다
이란 호르무즈섬

이곳에서는 바닷물과 해변의 모래가 모두 붉은빛으로 물드는 일이 생겨요. 마치 바다가 피로 물든 것처럼 보여서 깜짝 놀라는 사람도 있죠. 바다가 붉게 보이는 건 이 섬의 흙에 철과 산소가 만나서 생기는 붉은색 물질인 '산화철'이 많이 들어 있기 때문이에요. 호르무즈섬에 비가 세차게 내리면 산의 붉은 흙이 빗물에 섞여 바다로 흘러들어요. 그럼 바닷물에 붉은 흙이 뒤섞이면서 바다 전체가 붉게 보이지요. 하지만 이런 장면을 흔히 볼 수 있는 건 아니에요. 이곳에는 1년에 비가 17밀리미터밖에 내리지 않아서 빗물이 붉은 흙을 바다로 흘려보내는 일이 드물거든요.

인공 지능이 만든 그림
챗GPT

사람들은 스마트폰 메신저나 SNS에 프로필 사진을 올려서 자신을 표현해요. 그런데 2025년 봄, 많은 사람들의 프로필 사진이 비슷한 스타일의 그림들로 바뀌었어요. 인공 지능 서비스인 '챗GPT'에 사진을 올리면, 원하는 그림 스타일로 바꿔 주는 기능이 유행했기 때문이에요. 특히 일본의 애니메이션 회사인 지브리의 스타일로 만든 그림이 큰 인기를 끌었어요. 이 그림은 사람이 직접 그린 게 아니라, 인공 지능이 사람의 얼굴 특징을 분석해서 만든 거예요. 많은 사람들이 이용하게 되면서 '인공 지능이 만든 그림에도 저작권이 있을까?', '사람이 만든 고유 창작물의 스타일을 따라 해도 괜찮을까?' 같은 저작권에 관한 문제들도 화제가 되었어요.

AI 실력 어때?

하늘에 몰려온 구름 쓰나미
포르투갈 북부와 중부 해안

섭씨 45도가 넘는 폭염에 시달리던 포르투갈의 해변에 하늘을 가득 덮는 거대한 구름이 나타났어요. 마치 하늘에서 쓰나미가 밀려오는 것처럼 보여서 사람들이 깜짝 놀라 자리를 피했지요. 이 구름의 정체는 '두루마리구름'이에요. 두루마리구름은 날이 아주 더운 낮에 생긴 뜨거운 공기가 저녁 무렵 바닷가로 밀려온 차가운 공기 위로 올라가면서 생겨요. 이때 생긴 구름은 공기 흐름에 따라 담요처럼 길게 둘둘 말린 모양이 되지요. 이런 구름은 낮과 밤의 기온 차가 큰 날에 나타나는데, 보기 드물어요.

외계 생명체 발견?
미국 항공 우주국

미국 항공 우주국은 화성에서 생명체의 결정적인 단서를 찾았다고 발표했어요. 화성 탐사 로버 퍼서비어런스호가 예제로 크레이터(분화구 모양의 지형)에서 수집한 암석 샘플에서 미생물이 만든 듯한 독특한 무늬를 발견한 거예요. 게다가 이 암석에는 탄소 화합물과 무기질 같은 생명체를 이루는 기본 물질도 풍부하게 들어 있었지요. 과학자들은 이것을 화성에 고대 생명체가 존재했을 가능성을 보여 주는 가장 확실한 증거 중 하나라고 밝혔지만, 아직 최종 결론을 내리진 않았어요. 현재까지의 분석은 퍼서비어런스호가 화성에서 직접 한 것이고, 더 자세한 내용은 이 암석 샘플을 지구로 가져와 연구해야 알 수 있기 때문이에요. 샘플이 지구로 오려면 10년쯤 걸린다지요.

거미를 좀비로 만드는 곰팡이
영국 북아일랜드

거미가 좀비처럼 움직인다면 믿을 수 있나요? 영국 방송국 BBC의 다큐멘터리 촬영팀이 북아일랜드 캐슬 에스피에서 이상한 거미 한 마리를 발견했어요. 거미는 몸이 하얀 곰팡이로 뒤덮여 있었고, 움직임도 어딘가 이상했지요. 그 곰팡이의 이름은 '기벨룰라 아텐보로이'예요. 놀랍게도 이 곰팡이는 거미의 신경을 조종해서 마치 좀비처럼 자신이 원하는 대로 움직이게 만들어요! 거미를 벽이나 천장처럼 높은 곳으로 이동하게 한 뒤, 그곳에서 공기 중에 자신의 포자를 퍼뜨려 번식하는 거예요. 이전에도 곤충을 조종하는 곰팡이는 있었어요. 하지만 이처럼 곤충이 죽기를 기다리지 않고 살아 있는 곤충의 머릿속을 조작하는 곰팡이는 아주 드물어요.

북극곰의 수가 정말 늘어난 걸까?
영국

영국의 한 비영리 단체가 북극곰의 수가 1960년대보다 3배 가까이 늘어났다는 연구 결과를 발표하면서 북극곰 멸종 위기가 과장됐다는 보도가 이어졌어요. 하지만 이 연구는 잘못된 자료를 토대로 한 것이었어요. 실제로 북극곰이 가장 많이 사는 캐나다 허드슨만에서는 북극곰 개체 수와 빙하의 양이 모두 절반가량 줄어들었어요. '북극곰이 육지에서도 먹이를 찾을 수 있다.'는 주장도 사실과 달라요. 육지에 남겨진 북극곰들은 먹이를 거의 얻지 못해 점점 몸이 쇠약해지고 있지요. 극지방의 육지에는 북극곰이 먹을 만한 생물이 많지 않기 때문에, 지구가 따뜻해져 빙하가 계속 줄어든다면 북극곰은 먹이와 서식지를 동시에 잃을 수밖에 없어요. 결국 개체 수는 계속 줄어들 위험에 놓여 있는 거예요.

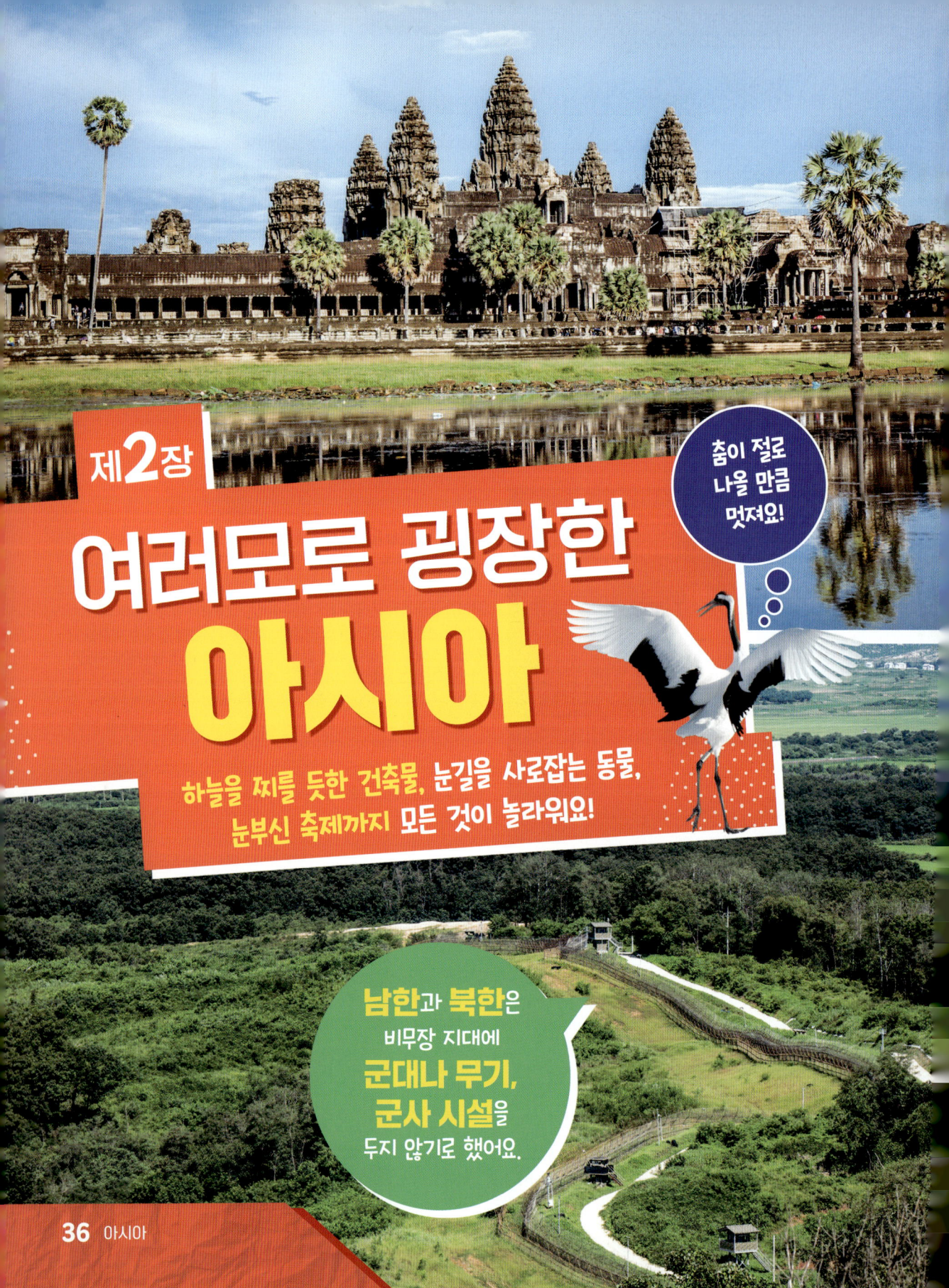

제2장
여러모로 굉장한 아시아

하늘을 찌를 듯한 건축물, 눈길을 사로잡는 동물, 눈부신 축제까지 모든 것이 놀라워요!

춤이 절로 나올 만큼 멋져요!

남한과 북한은 비무장 지대에 **군대나 무기, 군사 시설**을 두지 않기로 했어요.

앙코르 와트는 캄보디아의 상징으로 **국기**에도 들어가 있어요.

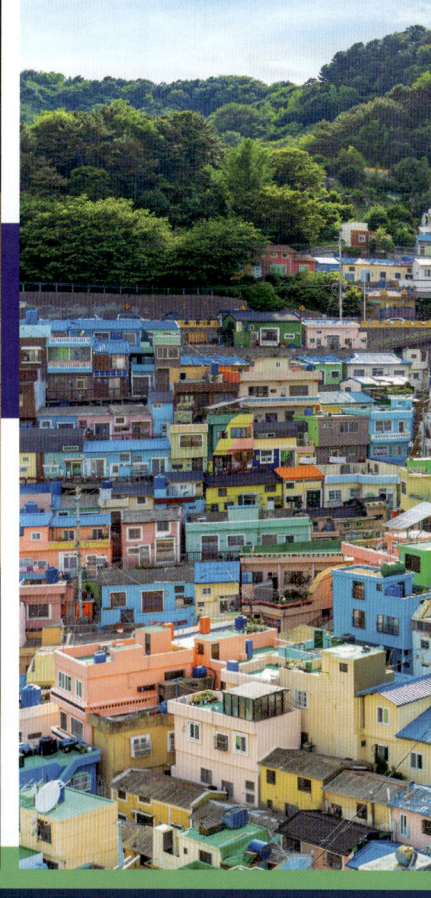

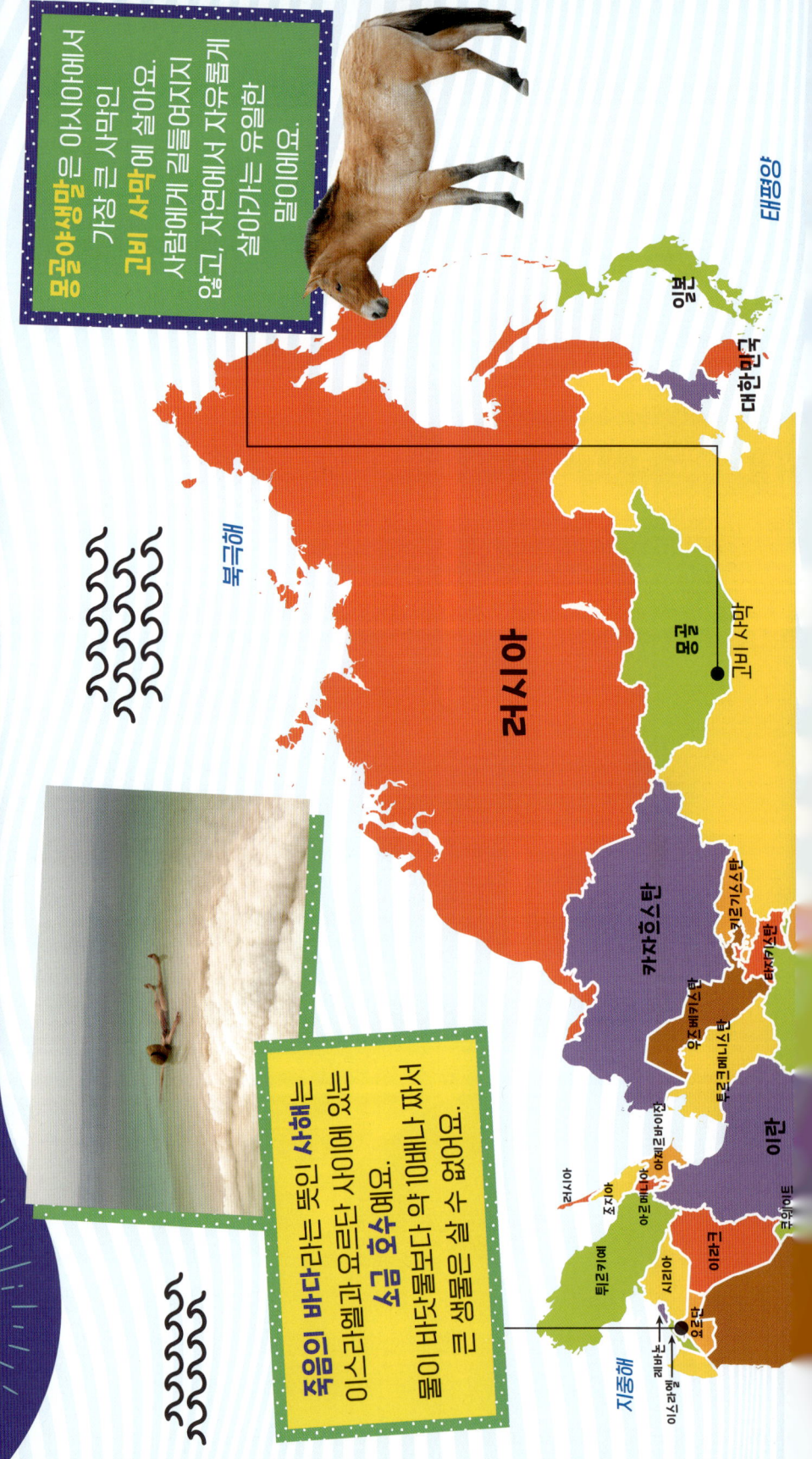

지도를 보며 알아보아요!

아시아는 땅이 아주아주 넓어요!
그만큼 신기한 문화, 처음 보는 동물,
특별한 장소가 많은 건 당연한 일이지요.

몽골아생말은 아시아에서 가장 큰 사막인 **고비 사막**에 살아요. 사람에게 길들여지지 않고, 자연에서 자유롭게 살아가는 유일한 말이에요.

죽음의 바다라는 뜻인 **사해**는 이스라엘과 요르단 사이에 있는 **소금 호수**예요. 물이 바닷물보다 약 10배나 짜서 큰 생물은 살 수 없어요.

비밀스러운 동물들

두루미
대한민국

긴 다리와 우아한 몸짓! 두루미는 새들 사이의 발레리나예요. '뚜루루루' 하고 울어서 두루미라는 이름이 붙었지요. 한자로는 '학'이라고 해요. 두루미는 몸길이가 최대 140센티미터나 되는 아주 큰 새예요. 머리 꼭대기에는 깃털 대신 붉은색 피부가 드러나 있는데, 화가 나면 더 붉어진대요. 두루미는 따뜻한 계절에는 시베리아, 중국 북부, 일본 북부에서 지내다가 추워지면 우리나라 비무장 지대나 중국 남쪽으로 날아와 겨울을 나요. 예로부터 두루미는 부부의 사랑, 행운, 장수를 상징해 왔어요. 하지만 안타깝게도 지금은 멸종 위기 동물이에요. 그래서 우리나라에서는 두루미를 천연기념물로 정해 보호하고 있어요.

종이 동물 조형물
일본 시즈오카

동물은 어떻게 탄생했을까요? 가끔 신문으로 동물을 만들기도 해요! 일본 예술가인 히토츠야마 치에는 아프리카의 잠비아를 여행하다가 밀렵꾼 때문에 다친 코뿔소를 봤어요. 이때 히토츠야마는 생물들의 강한 생명력을 느끼고 입체적인 동물 조형을 만들기 시작했어요. 그는 할아버지가 운영하는 제지 공장의 낡은 창고를 작업실로 삼고, 버려진 신문을 재활용하여 작품을 만들어요. 신문을 자르고 붙이고 돌돌 말아서 웅크린 일본원숭이부터 헤엄치는 물고기와 경계심 많은 토끼까지, 살아 움직이는 듯한 작품을 만들고 있어요.

사올라
베트남

사올라는 '아시아의 유니콘'이라고 불리는 아주 신비로운 동물이에요. 1992년에 베트남에서 처음 발견되었고, 2013년 이후로는 사람의 눈에 한 번도 띄지 않았어요! 지금까지 사람이 직접 본 사올라도 11마리뿐이라고 하네요. 사올라는 암수 모두 길고 곧은 뿔이 있는데, 약 50센티미터까지 자라요. 눈 주변에는 밝은색의 무늬가 있고, 몸길이는 최대 2미터나 된답니다. 사는 곳은 베트남과 라오스 사이에 있는 안남 산맥 지대예요. 여름에는 산 위쪽에 머물고, 겨울이 되면 낮은 곳으로 내려오지요. 100마리 정도밖에 없는 심각한 멸종 위기 동물이에요.

기막히게 귀여워! 마눌

마눌은 히말라야산맥과 중앙아시아의 높은 산에 사는 고양이예요. 뚱한 표정으로 터벅터벅 걷는 모습이 참 귀엽지요. 두꺼운 몸에 긴 털이 풍성하게 덮여 있고, 두툼한 엉덩이와 짧은 다리를 가졌어요. 춥고 바람이 센 산속에서 살아가기에 딱 좋은 몸이죠. 둥그스름하고 작은 귀는 바위틈에 숨어 지낼 때 여우나 늑대, 독수리 같은 적의 눈에 쉽게 띄지 않게 하지요. 마눌은 야생성이 강하고 성격이 아주 예민해요. 그러니 집고양이로 키울 생각은 꿈에도 하지 않는 게 좋겠어요.

알록달록 색깔 구경!

감천문화마을
대한민국 부산

산자락을 따라 알록달록한 집들이 계단처럼 늘어서 있어요. 마치 색연필로 색칠한 그림 같은 이 마을은 원래 6·25 전쟁 때 부산으로 몰려든 피난민들이 모여 살면서 생긴 마을이에요. 오랜 시간이 흐르며 사람들이 떠나고 빈집이 많아졌지만, 예술가들이 벽화를 그리고 조형물을 세우면서 점점 활기를 되찾았지요. 미로 같은 골목길을 걸으며 물고기 모양의 벽화, 하늘마루 전망대 같은 예술 공간을 찾아보는 재미가 쏠쏠해요. 매년 10월 축제 기간에는 활쏘기 등 전통놀이 체험도 할 수 있답니다. 밤이 되면 불빛이 반짝이며 마을의 또 다른 매력을 보여 줘요. 감천문화마을의 밤 풍경도 놓치지 마세요!

카와이젠 화산
인도네시아 자바섬

두 사진 속 풍경이 아주 달라 보여요. 하지만 모두 자바섬에 있는 한 화산이에요! 위 사진은 밤에 카와이젠 화산 산비탈에서 푸른 용암 같은 것이 흐르는 모습이에요. 사실 액체 유황이지만요! 땅속에 있던 유황 가스가 높은 압력 때문에 섭씨 600도까지 뜨거워진 상태로 바위 틈새로 새어 나와요. 이때 산소와 만나 5미터 높이까지 불꽃이 튀고, 한편 차가운 공기에 응축되어 액체 유황으로 흘러내리지요. 유황은 200도 이상에서 탈 때 푸른빛을 내요. 아래 사진은 낮에 찍은 카와이젠 화산 꼭대기예요. 아름다운 청록색 호수를 볼 수 있지요. 표백제에 쓰이는 강력한 화학 물질인 염산과, 녹황색 기체인 염소가 녹아 있어서 물이 선명한 청록색을 띠어요. 폭이 1킬로미터인 지구상에서 가장 크고, 강한 산성을 띠는 호수예요.

호이안 등불 축제
베트남 호이안

이곳에서는 매달 음력 14일 밤이 되면, 투본강 주변 옛 거리가 색색의 등불로 반짝이며 축제 분위기로 가득해요. 강 위에는 작은 등을 띄우며 소원을 비는 '소원배'가 천천히 떠다니지요. 호이안은 1500년대부터 1800년대까지 여러 나라 배들이 드나들던 무역 도시였어요. 이 축제는 그 시절에 호이안을 찾은 상인들이 안전한 항해와 마을의 번영을 바라며 등불을 띄우던 풍습에서 시작되었지요. 지금은 많은 관광객이 함께 즐기는 축제가 되었지만, 소원을 담아 등불을 띄우는 전통은 꺼지지 않고 여전히 이어지고 있어요.

공작
인도, 스리랑카, 네팔 등

수백 개의 눈 같은 무늬가 달린 꽁지깃을 보세요. 그것을 활짝 펼친 새, 바로 공작이에요. 공작은 인도, 스리랑카, 네팔 등 주로 아시아 지역에 사는 새로, 수컷의 화려한 꽁지깃이 아주 유명해요. 수컷은 암컷의 관심을 끌기 위해 꽁지깃을 활짝 펼쳐 흔들며 자신을 뽐내는 데 쓰지요. 공작은 몸집에 비해 날개가 짧고 둥글어서 멀리 날지 못해요. 하지만 위험을 피하거나 나무 위로 올라갈 때는 아주 재빠르게 날아오른답니다. 공작은 자기 영역을 지키려는 성격이 강해요. 적이 나타나면 큰 소리로 울어 적에게 경고하지요. 인도에서는 공작을 나라를 대표하는 새(국조)로 여기며, 힌두교의 신 크리슈나, 카르티케야와 관련된 신성한 새로 대우해요.

판타스틱 놀라운 세계 정보

경복궁에 관한

경복궁은 조선을 대표하는 궁이에요. '경복'이라는 이름에는 **새 나라가 복을 받아 오래오래 잘돼라**는 뜻이 담겨 있지요.

경복궁을 짓는 데 걸린 기간은? **겨우 10달!** 1394년 12월부터 공사를 시작해서 1395년 9월에 완성했대요.

경복궁의 앞문인 **광화문**에서는 전통 옷을 입은 **수문장**이 화요일을 뺀 매일 오전 10시와 오후 2시에 나타나 **교대 의식을 벌여요.**

경복궁 안 연못에는 물 위에 세운 누각인 **경회루**가 있어요. 48개의 돌기둥이 받치고 있는 우리나라에서 제일 큰 누각이랍니다.

아주 위대한 사실들

경복궁은 **2번**이나 사라졌어요. 처음은 1592년 **임진왜란** 때 **불이 나서 타 버렸고**, 두 번째는 **일제 강점기** 때 **허물어졌지요.** 이후 1990년부터 **복원 공사**가 시작되어 지금까지 이어지고 있답니다.

경복궁은 화요일을 빼고는 언제나 들어갈 수 있어요. **한복을 입고 가면 무료!** 설이나 추석 같은 명절에도 관람할 수 있지요.

봄과 가을이 되면 경복궁은 아름다운 궁궐의 **밤** 풍경을 감상할 수 있도록 **밤에도 문을 열어요.**

어디서든 꿋꿋하게!

부파티의 보라색 개구리
인도 서고츠산맥

2017년에 과학자들이 새로운 개구리 종을 발견했어요. 이 개구리는 생애 대부분을 땅속에서 보내기 때문에 정말 쉽지 않은 발견이었지요! '부파티의 보라색 개구리'는 인도의 동물학자인 수브라마니안 부파티를 기리며 붙인 이름이에요. 부파티 박사가 이 개구리를 발견한 건 아니지만요. 이 개구리의 피부는 끈적이고, 눈은 작고, 코는 뾰족해요. 단단한 발은 삽처럼 생겨서 땅을 파기에 적합하고요. 기다란 혀로는 흰개미와 개미들을 쓸어 먹지요. 이 개구리는 우기에 짝짓기를 해요. 올챙이 시기에는 다른 올챙이들과 달리 헤엄치지 않고, 빨판상어와 같은 입으로 바위에 찰싹 달라붙은 채 지내지요. 작은 이빨로 바위에서 자라는 조류를 실컷 먹으면서요. 그렇게 바위에 붙어 있다가 생후 약 120일이 지나면 땅속으로 몸을 감춰요.

큰코영양
중앙아시아

큰코영양은 이름처럼 코가 커다란 영양이에요. 커다란 코에는 콧구멍 두 개가 길게 나 있어요. 이상해 보이지만 건조하고 먼지투성이인 환경에서는 엄청나게 유용해요. 큰코영양은 아주 건조한 초원에 사는데, 여름에는 커다란 코가 먼지를 거르는 거름망 역할을 해요. 겨울에 차가운 공기를 들이마시면 이 독특한 코가 따뜻하고 촉촉하게 데워 주지요. 짝짓기 철에는 짝을 부르는 소리가 콧속에서 크게 울려 나오고요. 안타깝게도 이 근사한 동물은 2001년에 멸종 위기 동물 목록에 올랐어요. 그래도 최근에 좋은 소식이 있어요. 카자흐스탄에서 큰코영양의 수가 계속 늘어 2022년에는 100만 마리가 넘었대요.

공기가 맑고 신선하군!

큰코영양은 하루에 **80킬로미터** 넘게 이동할 수 있어요.

일본청개구리
일본

얼음처럼 차가운 곳에서도 꿋꿋하게 버티는 개구리가 있어요! 바로 일본청개구리랍니다. 이 개구리는 몸길이가 고작 3.5센티미터 정도로 작고, 물가 근처에서 꽥꽥꽥 하고 울어요. 그런데 이 작은 몸집으로 영하 35도에서 120일 넘게 살 수 있대요! 얼음 왕국의 주인공이 따로 없지요. 일본을 비롯해 우리나라, 중국, 러시아 등에 사는 이 개구리는 보통 배가 하얗고 등은 초록색인데, 주변 환경에 따라 갈색, 하늘색인 것도 있어요. 또 놀라운 점은 스스로를 지키기 위해 피부에서 독을 만든다는 거예요. 이 독을 만지면 마비가 될 수 있으니 절대 맨손으로 만져서는 안 돼요. 혹시 만졌다면 얼른 비누로 손을 씻으세요!

일본청개구리를 만진 손으로 눈을 비비면 시력을 잃을 수도 있어요!

기막히게 귀여워! 작은발톱수달

작고 동그란 얼굴에 통통한 볼, 쫑긋한 귀까지! 귀엽다는 말이 절로 나오는 이 동물은 작은발톱수달이에요. 몸무게가 5킬로그램도 안 되는 세계에서 제일 작은 수달이지요. 작은발톱수달은 여럿이 모여 살고, 장난치며 노는 걸 무척 좋아해요. 몸에 굵고 윤기가 흐르는 방수 털과 부드러운 잔털이 빽빽하게 나 있어서 물속에서도 몸이 따뜻하게 유지되어요. 앞발로 음식을 야무지게 집어 먹고, 껙껙 소리를 내며 의사소통도 한답니다.

숫자로 알아볼까요?

앙코르 와트

캄보디아의 시엠립에 가면 끝이 보이지 않을 만큼 넓은 사원이 있어요. 바로 앙코르 와트지요! 12세기 초에 돌로 지은 이 사원은 축구장 200여 개를 합친 만큼 크고, 세계에서 가장 큰 종교 건축물로 기네스 세계 기록에 올라 있답니다. 도구도 기계도 없던 시대에 이렇게 거대한 돌 사원을 지었다는 게 정말 놀랍지 않나요?

이 거대한 사원의 면적은 **약 1.6제곱킬로미터**에 달해요.

앙코르 와트는 30여 년 동안 **500만에서 1000만 개**의 돌을 쌓아 지었어요.

앙코르 와트를 지으려고 하루에 **2만 5000여 명**의 사람들이 모여 일했어요.

앙코르 와트 안에 있는 우유 바다 휘젓기 부조는 약 **50미터** 길이의 벽에, 신과 악마 **108명**이 함께 우유 바다를 젓는 힌두교 신화 속 장면을 새긴 거예요.

사원 안에는 5개의 탑이 있는데 가장 높은 탑은 **65미터**로 26층 건물 높이예요.

앙코르 와트를 둘러싼 외벽의 둘레는 약 **5킬로미터**에 이르러요.

놀랍도록 특별한

쿠앙시 폭포는 세계에서 손꼽히는 아름다운 폭포예요.

폭포수가 여러 층의 바위를 타고 에메랄드빛으로 반짝이며 흘러내려요. 아래쪽에는 자연이 만든 수영장인 물웅덩이가 있어 시원하게 물놀이도 할 수 있지요. 이곳의 물이 에메랄드빛을 띠는 이유는 폭포 주변이 석회암 지대이기 때문이에요. 석회암을 이루는 광물질이 물에 녹아 떠돌면서 햇빛을 여러 방향으로 흩어지게 하는데, 그중에서도 푸른빛이 특히 잘 반사되어 우리 눈에 들어오는 거예요. 쿠앙시 폭포를 보러 갈 계획이라면 비가 적게 오는 12월부터 5월 사이를 노려 보세요. 이때에 가장 맑고 진한 에메랄드빛 물을 볼 수 있거든요. 보석 같은 폭포수라는 말이 괜히 나온 게 아니라는 걸 눈으로 확인하게 될 거예요!

에메랄드빛 폭포

라오스 쿠앙시 폭포

쿠앙시 폭포 아래쪽의 물웅덩이도 **계단처럼 층층이** 이어져 있어요.

여기는 대한민국!

강이 만든 자연 터널
강원도 태백시

강물이 오랜 시간 동안 석회암 바위를 뚫고 지나가며 만들어 낸 커다란 천연 터널, 구문소예요. 양쪽으로 뻥 뚫린 터널 모양의 바위 아래로 강물이 흘러가는 모습이 아주 인상적이지요. 끊임없이 흐르는 물과 신비하게 깎인 바위를 보며 조선 시대 선비들은 이곳을 신선 세계로 가는 입구라고 말하곤 했대요. 이곳은 무려 5억 년 전 고생대 바다에서 생긴 지층과 삼엽충 등 옛 생물의 화석도 볼 수 있어서 천연기념물로 지정되어 보호받고 있답니다.

돌을 쌓아 만든 유일한 석굴 사원
경상북도 경주시

석굴암은 신라 시대인 751년에 짓기 시작하여 774년에 완공된 불교 사원이에요. 돌로 만든 굴 안에 커다란 불상을 정성껏 만들어 모셔 놓은 곳이지요. 자연 동굴을 파내거나 절벽을 깎아 만든 석굴은 여럿 있지만, 돌을 하나하나 쌓아 올려 만든 석굴은 세계에서 오직 석굴암뿐이에요. 석굴암에는 과학의 지혜도 담겨 있어요. 바닥에 찬물이 흐르도록 해 굴 안의 습기와 온도를 알맞게 맞췄고, 돌과 돌 사이에 낸 작은 틈으로 바람이 드나들 수 있게 해서 굴 안쪽을 늘 시원하게 유지했지요. 그래서 석굴암은 1000년이 넘는 시간 동안 보존이 잘 되었어요. 옛 사람들의 지혜와 솜씨는 지금 봐도 감탄이 절로 나와요.

분단이 만든 자연 보호 구역
비무장 지대

우리나라에는 남북으로 나뉜 뒤, 아무도 살지 않게 된 땅이 있어요. 1953년에 6·25 전쟁이 끝나고 남한과 북한이 군사 훈련을 하지 않기로 약속한 지역으로, 서쪽의 인천과 경기도 북부부터 동쪽의 강원도 고성까지 약 248킬로미터에 걸쳐 있지요. 이곳은 사람이 드나들 수 없게 되면서 오랫동안 자연 그대로 남아 있었어요. 그 덕분에 동물과 식물들이 사람의 방해 없이 지낼 수 있었고, 지금은 우리나라에서 가장 큰 야생 동물 보호 구역이 되었답니다. 이곳에는 국내 전체 동식물의 30퍼센트 이상이 살고 있고, 반달가슴곰, 수달, 산양, 두루미처럼 멸종될 위험에 처한 동물들도 남아 있어요. 산, 강, 들판, 계곡 등 여러 자연환경이 그대로 보존되어서 야생 동물이 살아가기 좋은 환경이 만들어졌기 때문이죠. 전쟁이라는 슬픈 역사 때문에 생겨난 땅이지만, 지금은 자연이 살아 숨 쉬는 아름답고 소중한 공간이 되었어요.

용암의 미로
제주특별자치도 제주시

만장굴은 제주도에 있는 용암 동굴이에요. 화산이 폭발했을 때 흘러내린 용암이 만든 동굴이지요. 용암의 겉부분이 먼저 식어서 굳고 그 속의 뜨거운 용암이 빠져나가면서 굴이 생겼어요. 길이는 약 7.4킬로미터나 되어 세계에서 가장 긴 용암 동굴로 알려져 있어요. 가장 높은 곳은 약 25미터, 가장 넓은 곳은 너비가 약 18미터나 되지요. 굴 안에는 용암이 만든 다양한 지형이 남아 있어요. 뜨거운 열로 천장 표면이 녹으면서 생긴 용암 종유, 천장에서 바닥으로 흘러내리던 용암이 굳고 쌓이며 만들어진 기둥인 용암 석주 등이 있지요. 특히 만장굴의 용암 석주는 높이가 약 7.6미터나 되는 세계에서 가장 큰 용암 석주예요. '만장'은 제주도 말로 '아주 깊다'는 뜻이래요. 정말 이름처럼 깊고 신비한 동굴이네요!

숫자로 알아볼까요?

부르즈 할리파

아랍 에미리트 두바이에 있는 부르즈 할리파는 세계에서 가장 높은 건물이에요. 가장 높은 층수, 사람이 사는 가장 높은 층, 바깥에서 지지하지 않고 스스로 서 있는 가장 높은 구조물 등 여러 세계 기록이 있지요. 건물 안에는 호텔, 식당, 사무실, 상가, 집 등이 있답니다. 이 건물을 설계한 사람들은 높이에 따라 달라지는 기온과 강한 바람도 모두 계산해서 햇빛을 마음껏 즐기고 세계에 뽐내어 튼튼하게 잘 버틸 수 있도록 지었어요. 엄마 아빠와 함께 높은 건물이지만, 걱정은 붙들어 매세요!

높이: 약 829미터

공사 기간: 약 5년

공사에 투입된 일꾼 수: 약 850만 명

총수: 지상 163층

엘리베이터 속도: 초속 10미터
1층에서 최고층까지 1분 만에 도착하는 속도!

건설 비용: 약 **15억** 달러
우리나라 돈으로 약 **2조** 원

내부 크기: 약 **400만** 제곱미터

놓치면 후회할 축제

빵 축제
홍콩 청차우섬

청차우섬은 빵을 좋아해요! 나흘 동안 이어지는 빵 축제는 전염병이 돌고 해적이 쳐들어오던 18세기에 시작되었어요. 이 섬의 전설에 따르면, 이곳 어부들은 도교 신인 팍타이와 함께 사악한 정령을 쫓아내 목숨을 구했다고 해요. 그 뒤로 사람들은 해마다 팍타이 신전에서 용춤을 추고 행진을 펼치며 섬의 평화를 기원해요. 또 폭신폭신한 감촉에 복을 상징하는 빵을 잔뜩 만들어요. 축제의 하이라이트는 '빵 따기 대회'예요. 자정을 알리는 순간, 참가자들이 빵 탑을 기어올라요. 탑은 높이가 약 18.3미터인데, 온통 빵으로 뒤덮여 있지요! 탑을 기어오르며 빵을 최대한 많이 가져와야 하는데, 꼭대기에 있는 빵일수록 점수가 더 높아요!

디왈리
인도

매년 10월 중순에서 11월 중순 사이, 인도와 전 세계의 힌두교인들은 '디왈리'라는 축제를 즐겨요. '빛의 축제'라는 뜻의 이 축제는 어둠을 이겨 낸 빛의 승리를 기념하는 날이지요. 디왈리에 대해 지역마다 조금씩 다른 이야기가 전해져 내려오는데, 그 중 가장 잘 알려진 건 힌두교의 신이자 정의롭고 용감한 왕자였던 라마가 사악한 왕 라바나를 물리치고 14년 만에 고향으로 돌아온 이야기예요. 고향 사람들은 기뻐하며 작은 기름 등불인 '디야'를 환하게 밝혀 라마를 맞이했죠. 오늘날에도 이 전통이 이어져서 디왈리가 되면 사람들은 디야 램프로 밤을 밝히고, 폭죽과 불꽃놀이를 즐겨요. 또 가족이나 친구들과 모여 선물을 주고받고, 달콤한 간식을 나누어 먹는답니다.

진해 군항제
대한민국

진해 군항제는 벚꽃이 피어나는 봄에 열리는 축제예요. 매년 3월 말에서 4월 초가 되면, 도시 전체를 뒤덮은 36만 그루의 벚꽃 나무를 보러 많은 사람이 이곳을 찾지요. 1963년부터 시작된 이 축제는 해군사관학교와 해군기지사령부가 있는 군항 도시인 진해의 특징을 잘 보여 줘요. 평소에는 들어갈 수 없는 해군 관련 시설들이 축제 기간에 개방되고, 해군 군악대와 의장대의 공연, 그리고 다양한 퍼레이드가 펼쳐지지요. 진해 군항제에서 특히 유명한 장소들이 있어요. 철길을 따라 이어지는 벚꽃과 기차를 함께 볼 수 있는 경화역, 벚꽃 터널 아래 화려한 조명으로 빛나는 여좌천 벚꽃길이 대표적이에요.

다슈화
중국 장자커우 누엔치엔

중국에서는 수백 년 동안 화려한 불꽃놀이를 즐겨 왔어요. 예전에는 폭죽이 너무 비싸서 부자들만 불꽃놀이를 했어요. 그래서 500년 전, 누엔치엔 마을의 대장장이들은 자신들만의 불꽃놀이를 개발했어요. 그들은 고온에 녹인 쇳물을 허공에 흩뿌리면 밝은 빛이 난다는 걸 알고 있었어요. 그래서 쇳물을 국자로 떠서 차가운 돌벽에 뿌렸지요. 섭씨 1600도에서 녹은 쇳물은 많은 불꽃을 터뜨렸어요. 이 불꽃놀이를 '다슈화'라고 해요. 오늘날 이 행사는 일 년에 한 번, 음력 설을 축하하며 펼쳐져요. 지금은 초록색이나 흰색 등 다양한 색을 내려고 쇳물에 알루미늄과 구리를 섞어요. 대장장이들은 전통에 따라 보호 장비 없이 밀짚모자와 양가죽 옷을 입고 공연을 펼쳐요. 위험하니 절대 따라 하지 마세요!

전통적인 방식으로 이루어지는 다슈화는 아무나 할 수가 없어서 누엔치엔에서만 볼 수 있어요.

어디에도 없는 박물관

기생충 박물관
일본 도쿄

기생충은 다른 동물에 붙어 영양분을 빼앗아 먹는 벌레를 말해요. 일본 도쿄에는 바로 이 기생충만 모아 둔 박물관이 있어요! 이름은 '메구로 기생충관'이에요. 이곳에는 다양한 기생충을 전시하고, 사람에게 기생충이 끼치는 영향에 대해 알려 줘요. 약 300점의 표본과 자료가 있는데, 그중에서도 크기가 엄청난 표본들이 유명하답니다. 가장 큰 것은 무려 약 8.8미터 길이나 된다고 하니 정말 놀랍지요? 이곳에서는 기생충에 대한 지식은 물론, 기생충 감염을 막기 위한 예방법과 위생 관리의 중요성도 함께 배울 수 있어요. 용기 있는 사람은 꼭 가 보세요. 세상에서 제일 징그럽고 신기한 전시가 기다리고 있어요!

머리카락 박물관
튀르키예 아바노스

셰 갈립 도자기 공방 지하에는 머리카락을 모아 놓은 동굴이 있어요. 동굴 통로에 벽부터 천장까지 1만 6000여 개의 머리카락 다발이 매달려 있는 기이한 곳이지요. 머리카락마다 기증자의 이름과 주소가 적혀 있어요. 공방의 주인이자 도예가인 갈립은 1979년에 아바노스를 떠나는 친구에게 아름다운 머리카락을 기념으로 조금 잘라 달라고 부탁했어요. 이 이야기를 들은 손님이 자신의 머리카락도 잘라서 두고 가겠다고 제안했고, 이 일이 이어져 지금의 머리카락 다발들을 전시하게 된 거예요. 일 년에 두 번씩 고객 한 명을 초청해서 10개의 다발을 뽑도록 하는데요. 이때 뽑힌 다발의 기증자들은 일주일간 무료로 이곳에 초대된답니다!

화장실 박물관
인도 델리

술라브 국제 화장실 박물관은 기원전 2500년부터 현대까지 화장실의 역사를 담고 있어요. 전시는 그리스와 이집트를 비롯한 고대 문명에서 쓰던 하수 처리 시설 사진들부터 시작해요. 중세에 쓰던 화려한 변기나 영국 상류층 사람들이 사냥할 때 쓰던 보물 상자로 위장시킨 이동식 변기 모형도 있어요. 상자 가득 보물을 기대했던 도둑들에게는 골치 아픈 상자였을 거예요! 현대의 화장실은 일본과 대한민국의 전자식 변기와 소변을 재활용하는 우주 변기에 대한 정보가 있어요. 전시는 질병을 막으려면 훌륭한 위생 시설을 갖추는 게 중요하다는 메시지를 강조해요. 이 박물관 설립자는 인도 전역에 9000개가 넘는 공공 화장실을 지었어요!

김치 박물관
대한민국 서울

김치가 너무 맵다고요? 그래도 한 번쯤은 궁금해지지 않나요? 우리나라 사람들이 왜 그렇게 김치를 좋아하는지 말이에요! 김치는 우리나라를 대표하는 음식이에요. 건강에 좋은 발효 음식으로 세계에 알려지면서 요즘은 한국 문화와 함께 김치를 즐기는 외국인들도 점점 많아지고 있지요. 서울에 있는 '뮤지엄 김치간'은 1986년에 문을 연 우리나라 최초의 김치 박물관이에요. 김치 속 발효 과학, 지역마다 다른 김치 담그는 방법, 김장하는 풍경, 옛날 부엌의 모습 등이 전시되어 있어요. 어린이와 외국인을 위해 김장을 배우는 프로그램도 있답니다. 제철 재료로 김치를 직접 담가 보고, 김치로 만든 음식도 맛볼 수 있지요. 코끝이 살짝 찡해져도 괜찮아요. 김치의 매력을 하나씩 알아 가다 보면, 어느새 김치에 은근히 빠져들지도 몰라요.

뮤지엄 김치간은 미국의 뉴스 보도 채널 CNN이 뽑은 **세계 11대 음식 박물관**에 선정되었어요.

내 성격을 알아보는 QUIZ

어떤 활동이 가장 마음에 드나요?
질문에 답하면서 취향에 딱 맞는 여행지를 찾아봐요.

1. 물에 젖는 거 괜찮아?
a. 흙탕물에 첨벙첨벙 물장구치는 거 좋아해.
b. 싫어! 보송보송해야 기분이 좋아.
c. 이슬비 정도는 괜찮아. 살짝 젖는 건 느낌 있지!

2. 집 밖에서 노는 거 좋아해?
a. 하루 종일 밖에서 놀아도 안 지쳐!
b. 일단 밖에서 신나게 놀고, 집에 와서 푹 쉬는 게 좋아.
c. 집이 최고야! 집 안에서도 전혀 안 심심해.

3. 자주 보는 유튜브 영상은?
a. 게임 영상!
b. 귀엽고 신기한 동물 영상
c. 내가 좋아하는 애니메이션 클립

4. 학교에서 제일 좋아하는 과목은?
a. 체육
b. 사회
c. 음악

a가 가장 많다면
쿠앙시 폭포에서 수영하기
에메랄드빛 폭포에 온 걸 환영해요! 시원하게 쏟아지는 물줄기를 맞으며 신나게 물놀이를 해 보세요. 계단처럼 층층이 이어진 폭포 아래에는 자연이 만든 수영장이 여러 곳! 하나하나 들어가서 헤엄치며, 내 마음에 쏙 드는 곳을 찾아봐요. 자, 어디가 제일 좋을까요?

5 이 중에서 되고 싶은 동물은?
a. 하늘을 나는 독수리
b. 사람을 좋아하는 강아지
c. 느긋하게 쉬는 고양이

6 맛있는 음식을 먹을 때 줄을 서야 한다면?
a. 몇 시간이든 기다릴 수 있어!
b. 중간에 대신 줄 서 줄 친구가 있으면 좋겠어.
c. 그냥 줄 안 서는 식당 갈래.

7 스릴 있는 놀이기구 잘 타?
a. 완전 좋아! 계속 타도 안 질려!
b. 한두 번 정도면 충분하지.
c. 그런 건 무서워서 안 타.

8 가장 친한 친구 생일에 주고 싶은 선물은?
a. 축구공이나 야구 배트 같은 운동 용품
b. 새로 나온 인기 아이돌 앨범
c. 웃긴 이야기나 신기한 지식이 담긴 책

b가 가장 많다면
부르즈 할리파 전망대 올라가기

높은 곳에서 멋진 도시 풍경을 내려다봐요! 부르즈 할리파 전망대에서는 빽빽한 고층 건물들, 끝없이 펼쳐진 사막, 그리고 멀리 바다까지 한눈에 볼 수 있답니다. 뻥 뚫린 유리 바닥 위에 서면, 아찔한 높이도 직접 느낄 수 있어요. 어지럽다고 눈 감지 말고, 끝까지 다 구경해 봐요!

C가 가장 많다면
감천문화마을 걷기

알록달록한 마을에 난 길을 천천히 걸어 보아요. 감천문화마을은 오래된 마을이 예술로 다시 태어난 곳이에요. 좁은 골목과 계단을 따라 걷다 보면, 색색깔의 집들과 벽화, 미술 작품들이 반겨 줘요. 인생 사진도 잔뜩 남길 수 있으니 카메라도 꼭 챙겨 가세요!

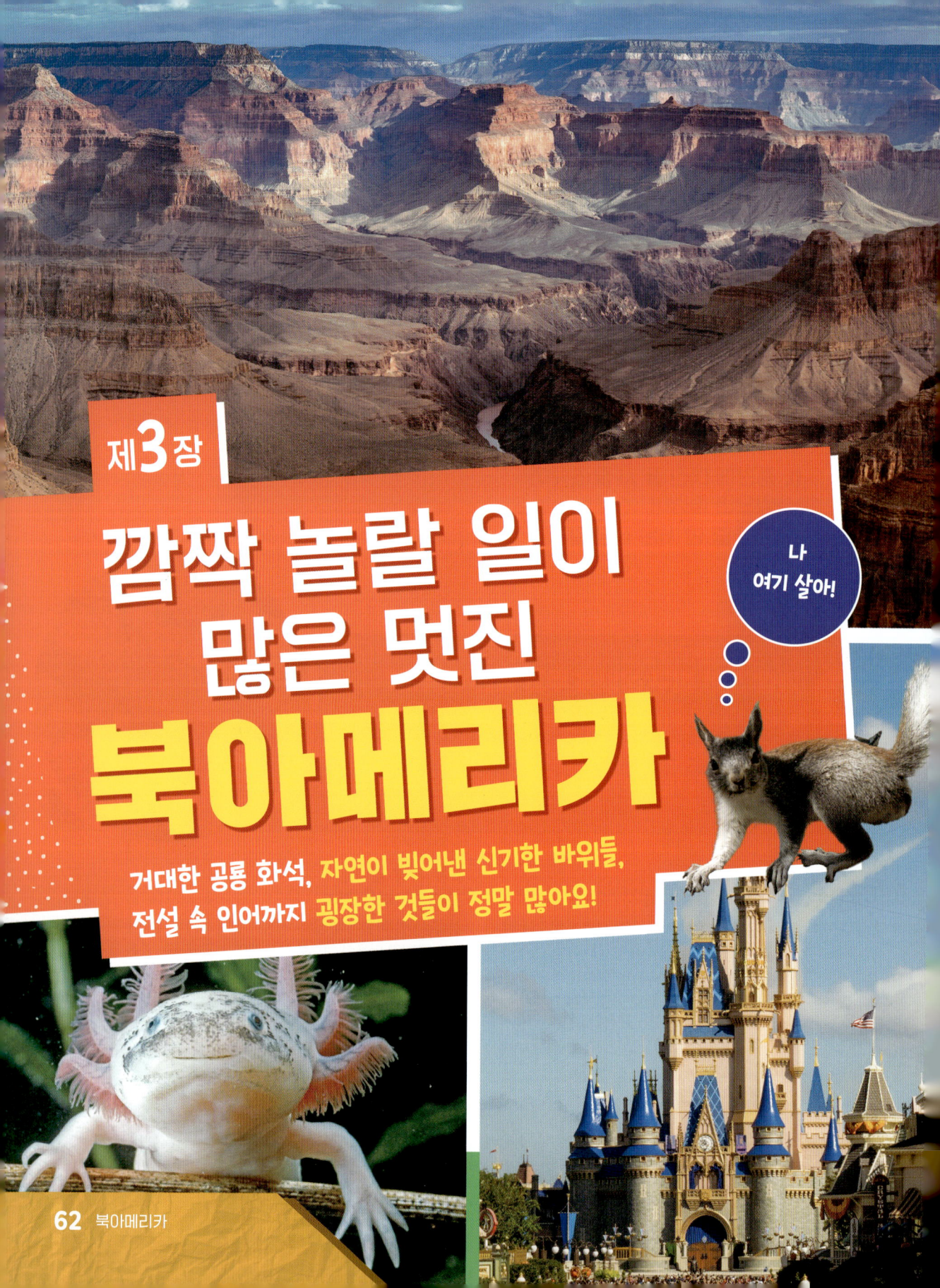

제3장

깜짝 놀랄 일이 많은 멋진 북아메리카

나 여기 살아!

거대한 공룡 화석, 자연이 빚어낸 신기한 바위들, 전설 속 인어까지 굉장한 것들이 정말 많아요!

바나나민달팽이의 입안에는 **수천 개의 돌기**가 난 **혀**가 있어요.

먼 옛날 지구에 **25억 마리**의 **티라노사우루스 렉스**가 살았을 거래요.

북아메리카

북아메리카에는 자연이 만든 놀라운 풍경과 사람들이 만든 기발한 공간, 신기한 동물, 그리고 똑똑한 발명품이 여기저기 넘쳐나요!

지도를 보며 알아보아요!

미국 플로리다주에는 **세계에서 제일 큰 테마파크**가 있어요. 신나는 놀이기구와 퍼레이드가 가득한 디즈니 월드예요!

캐나다 뉴펀들랜드 바닷가에는 신과 깎아지른 절벽, 맑은 호수가 어우러진 **그로스 몬 국립 공원**이 있어요. 지구의 맨틀로 이루어진 바위도 볼 수 있대요.

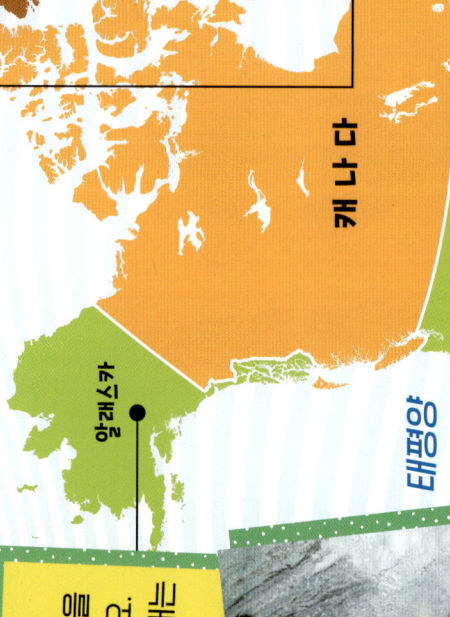

대서양

그로스 몬 국립 공원

그린란드 (덴마크령)

북극해

캐나다

알래스카

태평양

미국 알래스카주의 강에서는 연어가 물살을 거슬러 헤엄쳐 올라가요. 이 연어를 잽싸게 낚아채는 곰도 있지요.

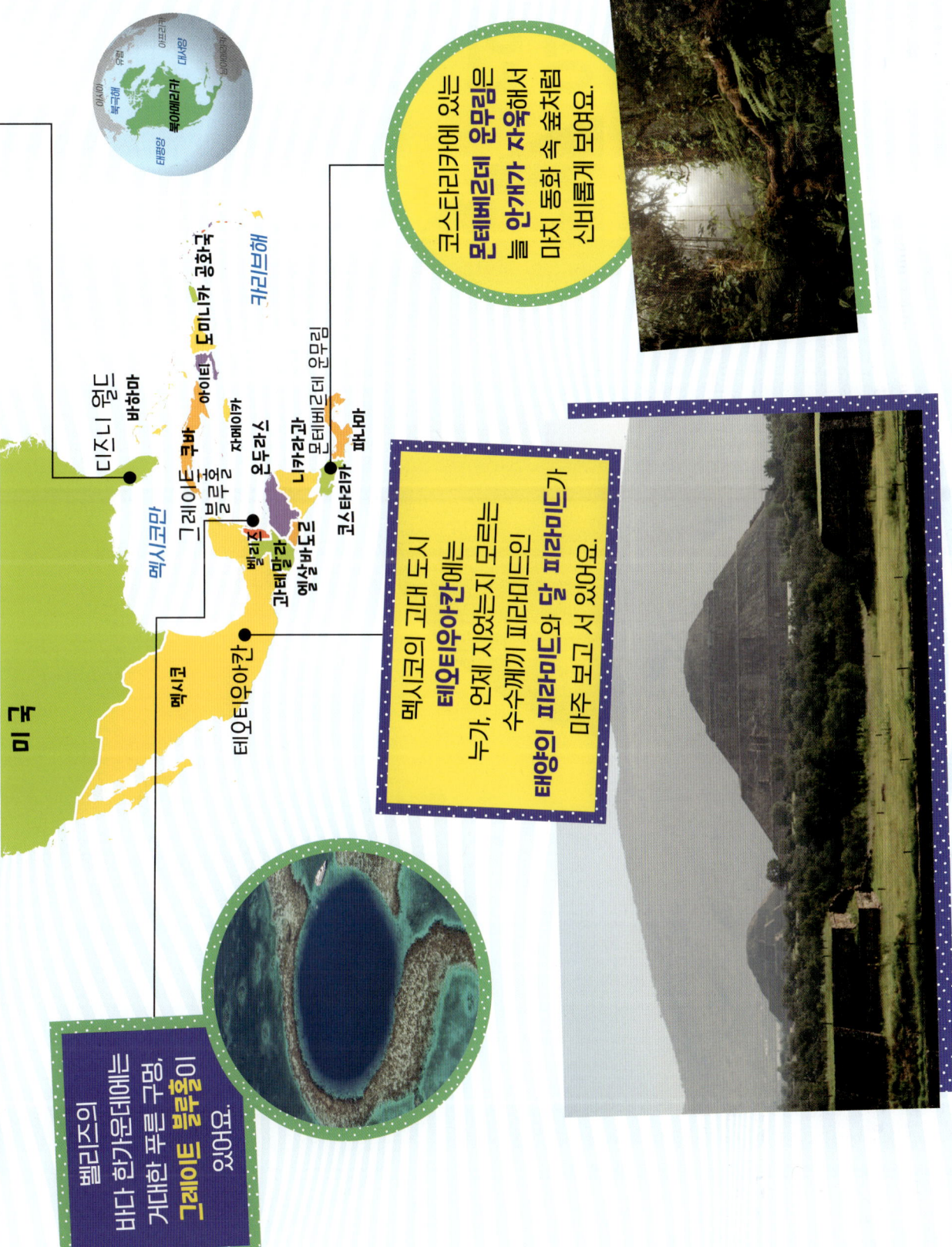

어딘가 수상한 장소

원숭이의 발 서점
캐나다 온타리오주 토론토

캐나다 토론토에 있는 이 중고 서점은 오래되고 희귀한 책들을 파는 곳으로 유명해요. 특히 시각 예술, 문학, 대중문화와 관련된 잘 알려지지 않은 책들을 전문으로 다루지요. 책을 단순한 읽을거리로 보지 않고, 소중한 유물처럼 아끼는 이곳은 책을 사랑하는 사람들에게 보물 같은 공간이랍니다. 이 서점의 특이한 이름은 W. W. 제이콥스의 단편 소설 『원숭이의 발(The Monkey's Paw)』에서 따온 거예요. 소설 속 이야기처럼 어디서도 본 적 없는 기묘하고 예기치 못한 책들이 이곳에서 여러분을 기다리고 있어요.

이 서점에는 4달러짜리 토큰을 넣으면 오래된 책 한 권이 무작위로 나오는 자판기도 있어요.

트로나 피너클스
미국 캘리포니아주 모하비 사막

외계 생명체가 사는 곳이냐고요? 모하비 사막 한가운데에 있는 이곳은 약 10만 년 전 호수 바닥에 쌓인 석회암이 땅 위로 솟아오른 뒤, 물과 바람에 깎이며 만들어진 지형이에요. 약 500개가 넘는 탑이 있는데 그중 몇몇은 높이가 약 43미터나 되지요. 이곳은 국립 보호 구역이지만 야영이 가능해요. 다만 비포장도로를 오래 달려와야 하고, 간이 화장실 하나를 빼면 마실 물도, 개발된 시설도 거의 없어요. 쓰레기는 모두 되가져가야 하고, 휴대폰도 잘 터지지 않아 종이 지도를 봐야 하지요. 게다가 여름엔 낮에 섭씨 43도가 넘는데, 밤엔 무척 쌀쌀해요. 그래도 이 탑들 사이에서 하룻밤을 보내고 싶다면 말리지는 않을게요!

오디토리오 지하철역
멕시코 멕시코시티

런던 지하철로 보이는 이 역은 사실 런던에 있지 않아요! 영국을 홍보하기 위해 2018년에 관광지로 단장한 멕시코의 어느 지하철역이지요. (참고: 지하철로는 멕시코에서 영국으로 절대 갈 수 없어요!) 실제 운영 중인 이 역은 런던 지하철 로고인 '튜브', 타일로 된 벽, '발 빠짐 주의' 경고문, 영국풍 포스터로 꾸며져 있어요. 제막식에는 멕시코 밴드가 초청되어, 멕시코에서 많은 사랑을 받은 영국 밴드 비틀즈의 히트곡을 연주했어요.

타임 트래블 마트에는 1985년에 구운 도넛이 있대요.

에코 파크 타임 트래블 마트
미국 캘리포니아주 로스앤젤레스

옛날 입맛을 가지고 있나요? 그렇다면 에코 파크 타임 트래블 마트에 꼭 가 보세요. 이곳에서는 시간을 뛰어넘고 싶은 사람들을 위해 매머드 고기 통조림과 신선한 공룡 알을 판매해요. 걱정하지는 마세요. 유통 기한이 7만 년이나 지난 건 아니에요. 마트를 후원하는 로스앤젤레스 학생들이 상상력을 발휘해 내놓은 제품이거든요. 마트에는 과거와 현재, 미래의 상품이 모두 있어요. 고대 스칸디나비아 지역의 바이킹 냄새를 풍기고 싶다면, 바이킹 향수를 써 보세요. 싸움 잘하는 몽골족이 가까이 왔다고요? 몽골족을 물리치는 약을 써 봐요. 로봇을 위한 사랑, 행복, 공포, 죄책감 등의 감정 칩도 준비되어 있어요.

이상한 점을 찾아라!

위에서 떨어지는 폭포수를 시원하게 맞아 보고 싶다는 생각은 안 하는 게 좋겠어요.

멕시코 오악사카 바로 외곽에는 이에르베 엘 아구아가 있어요. 스페인어로 '물이 끓는다'라는 뜻이에요. 미네랄 온천에서 나온 칼슘이 풍부한 물이 30미터 높이의 계곡 절벽으로 흐르다가 딱딱하게 굳는 과정을 수천 년 동안 반복하여 폭포 모양이 되었어요. 폭포에서 물줄기가 아니라 바위 줄기가 흘러내리는 셈이에요!

숫자로 알아볼까요?

거대 지하 도시, 레소

지하에 도시가 숨겨져 있다면 믿을 수 있겠어요? 캐나다 몬트리올에 실제로 그런 곳이 있어요. 도시 이름은 '레소'지요. '레소'는 프랑스어로 '네트워크'라는 뜻이에요. 이름처럼 레소는 약 32킬로미터 길이의 터널과 통로가 수많은 건물과 지하철역, 쇼핑몰, 극장 등을 연결해요. 몬트리올의 혹독한 겨울에도 추위를 피해 실내에서 이동하고 생활할 수 있도록 만들어졌지요. 눈보라가 몰아쳐도 지하 도시 안은 언제나 따뜻하고 북적인답니다.

길이: 약 **32**킬로미터
음식점, 은행, 영화관, 호텔, 미술관, 아이스하키 경기장까지 연결되어 있어요!

교통: 지하철역 **10**개
버스 터미널은 2개 연결되어 있지요.

상점 수: 약 **2000**개

면적: 약 **4000**만 제곱미터
전 세계에서 **가장 크고 복잡한** 지하 도시예요.

이용 인원: 하루 평균 약 **50**만 명

혼을 쏙 빼는 건축물

소우마야 미술관
멕시코 멕시코시티

은빛 비늘로 뒤덮인 물고기처럼 보이는 이 건물은 미술관이에요. 건축가 페르난도 로메로가 설계한 이곳은 외벽에 1만 6000여 개의 알루미늄판이 촘촘히 붙어 있어서 햇빛이 닿을 때마다 표면이 물결처럼 반짝이며 일렁여요. 건물의 모양은 오귀스트 로댕의 조각처럼 부드러운 곡선을 살린 비대칭 구조로 이루어져 어느 방향에서 보느냐에 따라 전혀 다른 모습으로 보여요. 이곳은 한때 세계 부자 순위 1위를 차지할 만큼 대단한 부호였던 카를로스 슬림 엘루가 2011년에 세웠어요. 무려 6만 점이 넘는 세계적인 예술 작품이 전시되어 있는데, 그는 멕시코의 문화와 인문 발전에 도움이 되길 바라며 누구나 무료로 관람할 수 있도록 개방했지요. 로댕의 「생각하는 사람」뿐만 아니라 클로드 모네, 마르크 샤갈, 빈센트 반 고흐 등 세계적인 예술가의 작품들이 전시되어 있답니다.

보틀 하우스
캐나다 프린스에드워드섬

잘못하면 와장창! 유리병으로 집을 짓는다니, 정말 괜찮을까요? 캐나다 프린스 에드워드섬에는 유리병 집을 진짜로 만든 사람이 있어요. 은퇴한 등대지기 에두아르 아르세노는 딸이 보낸 엽서의 유리 성 사진에서 영감을 받아 유리병으로 집을 짓기 시작했어요. 식당, 쓰레기 매립지에서 모으거나 주변에서 기증받은 유리병을 시멘트로 하나하나 붙여 집, 선술집, 예배당을 차례로 완성했지요. 유리병을 통과한 빛이 만들어 내는 다채로운 색과 무늬가 아주 독특하고 아름다워요. 건물 주변에는 아름다운 정원과 연못도 펼쳐져 있어요.

집, 선술집, 예배당을 짓는 데 유리병 약 2만 5000개가 쓰였대요!

광부의 모자 부동산
미국 아이다호주 켈로그

아이다호주 켈로그 도로를 달리는 운전자들은 이 건물을 그냥 지나치기 어려울 거예요. 지붕이 광부의 안전모를 꼭 닮았거든요. 지붕에 달린 헤드램프에 실제로 불도 들어와요. 이 건물은 1940년, 광부와 여행객들을 위한 식당으로 처음 지어졌어요. 1967년부터는 부동산 사무실로 사용되고 있지요. 아이다호주는 금, 은, 납, 아연 같은 자원이 풍부해 광산과 광부들이 많이 모여 있던 지역이에요. 특히 1860년대, 금광을 찾아 수많은 사람들이 몰려든 골드러시 시대에 매우 활기찼지요. 이 건물은 지역의 이런 역사를 잘 보여 주는 상징적인 건축물로 평가받아 2021년 미국 국립 사적지에 등재되었어요.

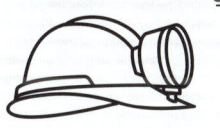

미국 국립 사적지는 미국 역사에서 중요한 **장소나 건축물** 등을 정부가 공식적으로 **특별히 보호해 주는 제도**예요.

스미스 대저택
미국 와이오밍주 코디

널빤지가 위태롭게 쌓인 집이 금방이라도 무너질 것 같아요. 하지만 와이오밍주 와피티밸리에서 40년 동안 자리를 지키고 있어요. 엔지니어였던 프랜시스 리 스미스는 가족과 함께 살 집을 짓기 위해 10년 넘게 공을 들였어요. 안타깝게도 스미스는 위쪽 발코니를 만들다가 추락해서 세상을 떠났고, 집은 미완성으로 남았지만요. 슬픈 과거가 있지만 이 건물은 환상적이면서 특이한 점이 많아요. 5층짜리 집에 발코니와 계단이 많고, 나무 그루터기로 만든 식탁, 작은 실내 농구장이 있어요. 한편, 침실이나 전기 시설은 없지요. 사유 재산이라 허락 없이 마음대로 들어갈 수는 없어요.

펄펄 끓는 화산들

파리쿠틴 화산

멕시코 미초아칸주

1943년, 멕시코 미초아칸주의 파리쿠틴이라는 작은 마을에서 믿기 힘든 일이 일어났어요. 옥수수밭에서 일하던 한 농부가 밭의 바닥에 균열이 생긴 걸 발견했어요. 그리고 곧 커다란 폭발음과 함께 땅이 갈라지며 화산재가 뿜어져 나오더니 화산이 솟아나기 시작했어요. 파리쿠틴 화산의 탄생이 눈앞에서 펼쳐진 거예요! 화산은 몇 년 동안 계속해서 연기와 용암을 뿜어냈고, 결국 마을 전체를 덮어 버렸어요. 파리쿠틴 화산 아래에는 아직도 옛 마을이 그대로 묻혀 있고, 화산재 위로는 무너진 교회의 꼭대기 부분만이 삐죽이 남아 있어요. 드물게 사람들의 눈앞에서 탄생한 화산이라 과학적으로도 아주 특별한 곳이랍니다.

셀레스테강
코스타리카 테노리오 화산 국립 공원

울창한 숲속에서 힘차게 흐르는 이 강은 어디선가 불쑥 생겨난 것처럼 보여요. 그럴 만도 한 게, 셀레스테 강물은 정말, 아주 파랗거든요. 화려한 청록색 물을 따라가다 보면 멋진 폭포와 온천들을 발견할 거예요. 하지만 무엇보다도 눈길을 끄는 것은 강물의 색깔이에요. 완전히 자연 그대로의 색이지요. 이렇게 멋진 파란색 강줄기는 아무 색도 없는 두 강이 만나면서 시작돼요. 부에나비스타강은 알루미늄과 규소 성분이 많고, 아그리아 협곡의 개울물은 화산 근처를 흘러서 유황이 풍부해 강한 산성을 띠어요. 두 강의 성분이 합쳐지고 상호 작용하여 또렷한 청록색을 만들어 내죠. 다만, 우기는 피하는 게 좋아요. 폭우로 침전물이 쌓이면 강물이 탁한 똥색으로 변할 수 있어요!

셀레스테강이 이렇게 파란 이유는 신이 하늘을 파랗게 색칠한 다음 붓을 이 강물에 씻었기 때문이라는 전설이 있어요!

달 분화구
미국 아이다호주

이곳은 분명히 지구인데도 우주를 여행하는 기분이 들어요! 아이다호주에 있는 달 분화구 국립 천연기념물 보호 구역은 뉴욕보다 네 배 정도 넓은, 특이한 지형이에요. 약 2000년 전, 마그마가 땅속에서 솟구치고 용암이 지표면을 흐르다 식으면서 동굴과 터널이 생겼어요. 그런데 화산암은 부서지기 쉬워서 용암 동굴의 천장이 종종 무너져 내려요. 이때 숨겨져 있던 통로가 드러나곤 하죠! 달 분화구에는 멋진 용암탑도 무리 지어 있어요. 화산 분출이 서서히 잦아들 때 용암이 분출구 주위에 쌓이면서 작고 뾰족한 형태가 만들어진 거예요. 화산의 엄청난 힘이 남긴 작은 기념품이랄까요.

악마의 말뚝
미국 캘리포니아주

미국 캘리포니아주 시에라네바다산맥에는 높이 약 18미터의 현무암 기둥들이 다닥다닥 모여 있어요. 수만 년 전 화산 폭발로 흘러나온 뜨거운 용암이 두껍게 쌓이고 천천히 식으면서 이런 돌기둥이 만들어졌지요. 이 기둥을 처음 본 사람들은 마치 악마가 깎아 만든 장작처럼 보인다고 생각했어요. 그래서 처음에는 '악마의 장작더미'라고 불렀는데, 시간이 지나면서 '악마의 말뚝'이라는 이름으로 바뀌어 지금까지 불리고 있답니다. 원래는 훨씬 더 키가 컸지만, 빙하가 깎고 다듬으면서 지금의 모습이 되었다고 해요. 근처에는 아름다운 무지개가 드리운 폭포도 있어서 많은 사람들이 이곳을 찾아와요.

처음 보는 생명체

아홀로틀
멕시코 중부

동그란 눈, 산호처럼 뻗은 아가미, 통통한 분홍빛 피부와 웃는 얼굴! 정체가 뭘까요? 멕시코 멕시코시티 근처의 소치밀코 호수와 찰코 호수에서만 사는 도롱뇽, 아홀로틀이에요. 우리나라에서는 우파루파라는 이름으로 더 잘 알려져 있지요. 아홀로틀은 잘린 팔이나 다리, 심지어 심장과 뇌까지도 다시 자라게 할 수 있는 대단한 재생 능력을 가졌어요. 머리 양쪽에 튀어나온 깃털 같은 건 아가미예요. 아홀로틀은 이 아가미로 숨도 쉬고 기분도 표현해요. 기분이 좋을 때는 아가미가 커지고 색이 짙어지는데, 아플 때나 기분이 나쁠 때는 오그라들고 색도 옅어지지요. 아홀로틀은 아주 오래전 아즈텍 신화에도 등장했고, 지금은 멕시코를 대표하는 동물이에요. 일본의 유명한 애니메이션 포켓몬스터에 나오는 캐릭터 우파의 모델이 된 동물로도 알려져 있답니다.

아름다운 나무 요정 나방
미국 동부

웩! 저기 새똥 좀 치워야겠어요. 잠깐, 새똥이 맞나요? 자세히 들여다보면 털이 난 다리 한 쌍이 보이는데요. 사실은 새똥이 아니라 아름다운 나무 요정 나방, 에우드리아스 그라타예요. 13밀리미터에서 46밀리미터나 되는 날개를 펼치고 흰색, 갈색, 금색을 뽐내며 하늘을 날면 이름처럼 아름답지요. 하지만 나뭇잎에 내려앉는 순간, 그 모습은 온데간데없어져요. 천적 눈에 띄지 않으려고 위장하거든요. 누가 새똥을 먹겠어요?

난 똥이랍니다!

벨루가
캐나다 북부, 그린란드 서부 등

벨루가는 '흰고래'라고도 불려요. 몸 전체가 우유처럼 새하얗고, 항상 웃는 표정의 귀여운 얼굴을 가졌죠. 태어날 때는 회색이지만, 성체로 자라면서 하얗게 변하는 거래요. 벨루가는 캐나다, 알래스카, 그린란드의 차디찬 바다에서 살아요. 추위를 이기기 위해 몸에 10~15센티미터에 달하는 두꺼운 지방층이 있답니다. 또 노래를 정말 잘해서 '바다의 카나리아'라는 별명도 있어요! 새 소리나 심지어 사람의 목소리도 흉내 낼 수 있지요. 이마에 있는 말랑말랑한 '멜론'이라는 기관으로 만들어 내는 거예요. 벨루가는 머리가 좋고, 장난치기를 좋아해요. 특히 입으로 동그란 공기 방울을 만들어 노는 모습은 정말 사랑스러워요!

벨루가의 지능은 7~8세 아이 수준이에요.

바나나민달팽이
미국 서부

어, 풀밭에 바나나가 떨어져 있네요? 그런데 잠깐만요! 바나나가 꿈틀꿈틀 움직이고 있어요! 사실 이건 바나나가 아니라 바나나민달팽이예요. 밝은 노란색 몸 때문에 멀리서 보면 우리가 아는 그 과일처럼 보이지요. 바나나민달팽이는 먹는 음식에 따라 몸 색깔이 달라져요. 노란색, 갈색, 녹색, 점무늬까지! 그야말로 패션 달팽이죠. 민달팽이 중에서는 꽤 덩치가 커요. 어른 손바닥보다 큰 25센티미터짜리도 있대요. 그런데 움직임은 아주 느려서 1분에 고작 16센티미터를 기어가요. 달리기 시합하면 꼴찌는 예약일 거예요. 이 독특한 생물을 마스코트로 삼은 대학교도 있어요. 미국 캘리포니아 대학교 산타크루즈 캠퍼스인데요. 느릿느릿 바나나민달팽이 경주 대회도 열린대요!

놀랍도록 특별한

고블린 계곡은 버섯처럼 생긴 수천 개의 바위기둥들이 펼쳐진 곳이에요.
이 바위기둥들이 고블린처럼 생겼다고 해서 붙여진 이름이지요. 고블린은 서양 전설에 등장하는 작은 장난꾸러기 괴물이에요. 보통은 어둡고 습한 숲이나 동굴에 살고, 숨겨진 보물을 찾아요. 고블린 계곡의 바위들은 오랜 세월 동안 바람과 비에 조금씩 깎이고 다듬어지면서 지금처럼 머리에 모자를 쓴 것 같은 버섯 모양이 되었어요. 고블린들이 일부러 만든 건 아니에요! 이 계곡은 아침 6시부터 밤 10시까지 들어갈 수 있어요. 밤이 되면 하늘이 완전히 어두워져서 은하수와 별자리를 보기에 좋아요. 고블린들이 밤하늘을 보며 소원을 비는 모습을 상상해 봐도 재미있겠지요?

바위기둥 사이를 자유롭게 걸어 다닐 수 있지만, **바위를 부수면** 고블린 대신 경찰이 잡아가요!

고블린 계곡

미국 유타주

판타스틱 놀라운 세계 정보

그랜드 캐니언에 관한

그랜드 캐니언은 미국 애리조나주에 있는 세계에서 가장 깊고 거대한 골짜기예요.

약 6000만 년 동안 **콜로라도강**이 단단한 바위를 깎아 내면서 그랜드 캐니언이 만들어졌어요. 지금도 100년마다 **약 3센티미터씩** 더 깊어지고 있대요.

그랜드 캐니언의 면적은 **약 4930제곱킬로미터**로 **제주도의 2.7배**에 달하는 크기예요.

그랜드 캐니언 바위에는 **약 20억 년 전** 지층도 있어요. **지구 나이의 절반**쯤 되는 엄청 오래된 땅이죠!

아찔한 사실들

헬리콥터나 **경비행기**를 타고 하늘에서 그랜드 캐니언을 내려다보는 **관광 코스**도 무척 인기가 많아요.

그랜드 캐니언 북쪽에서만 볼 수 있는 다람쥐가 있어요! 이름은 **카이밥다람쥐**예요.

그랜드 캐니언에는 인공 불빛이 거의 없어서 밤이 되면 수많은 **별들과 은하수**를 마음껏 볼 수 있어요.

 그랜드 캐니언에는 **1500종 넘는 식물**과 **500종 넘는 동물**이 살고 있어요.

그랜드 캐니언 **아래쪽은 덥고 건조**하지만, **위쪽 절벽에는 눈**이 오는 경우도 있어요. **같은 장소인데 다른 계절처럼 느껴지죠!**

꽁꽁 숨은 화석 찾기

세상에서 제일 유명한 티라노사우루스 렉스
미국 일리노이주 시카고

1990년, 미국의 고생물학자 수 핸드릭스는 미국 사우스다코타주에서 동료들이 구멍 난 타이어를 고치러 마을에 간 사이 근처 절벽 아래를 따라 걷다가 놀라운 것을 발견했어요. 바로 세상에서 가장 크고 완벽하게 보존된 티라노사우루스 렉스의 화석이었죠! 티라노사우루스 렉스의 뼈는 전체 360개인데, 이때 약 250개나 발견되어서 골격의 90퍼센트 이상을 복원할 수 있었어요. 몸길이는 약 12.4미터, 엉덩이 높이는 약 3.9미터나 되었지요. 이 거대한 화석에는 발견한 사람의 이름을 따 '수(Sue)'라는 이름이 붙었답니다. 수 덕분에 우리는 티라노사우루스 렉스에 대해 더 많은 것을 알게 되었어요.

수는 지금 미국 일리노이주 시카고에 있는 **필드 자연사 박물관**에 전시되어 있어요.

오파비니아
캐나다 브리티시컬럼비아주

내가 지켜보고 있다!

기다란 코에 뒤쪽으로 향한 입, 눈이 다섯 개인 이것은 무엇일까요? 농담 같겠지만, 약 5억 800만 년 전 캄브리아기에 살았던 해양 동물을 정확하게 설명한 거예요! 오파비니아는 범절지동물로, 단단한 외골격을 지녔지만 척추는 없고 쥐와 비슷한 크기예요. 특이하게 생긴 머리 때문에 이 멸종 동물을 쉽게 잊을 수 없지요. 기다란 코끝에 달린 집게발로 바다 밑바닥에서 먹이를 집어 입으로 가져갔을 거예요. 아마 이빨은 하나도 없어서 작고 부드러운 조각만 먹었겠죠. 이렇게 특이한 생물은 또 없을 것 같지만, 2022년에 선사 시대의 해양 동물인 우타우로라 콤모사가 오파비니아의 친척으로 밝혀졌어요. 우타우로라 콤모사도 눈이 다섯 개예요!

결투하는 공룡
미국 몬태나주 헬크리크

공룡 한 마리의 화석을 찾는 것도 쉬운 일이 아니니, 두 마리의 화석을 찾은 건 로또에 당첨된 거나 마찬가지예요. 이 화석은 2006년에 목장 일꾼들이 발견했어요. 2주 동안 발굴 작업을 거쳐 몸길이가 8.5미터에 달하는 트리케라톱스 뼈대를 꺼냈지요. 다른 육식 공룡의 발톱과 함께요! 땅을 더 파 보니 티라노사우루스 렉스의 뼈가 나타난 거예요. 6.7미터에 달하는 젊은 티라노사우루스 렉스였지요! 두 공룡이 싸우는 자세를 취하고 있어서 이 화석은 '결투하는 공룡'으로 알려졌어요. 트리케라톱스 몸에 티라노사우루스 렉스의 이빨이 박혀 있기까지 해요!

멕시코 공룡의 새 얼굴
멕시코 코아우일라주

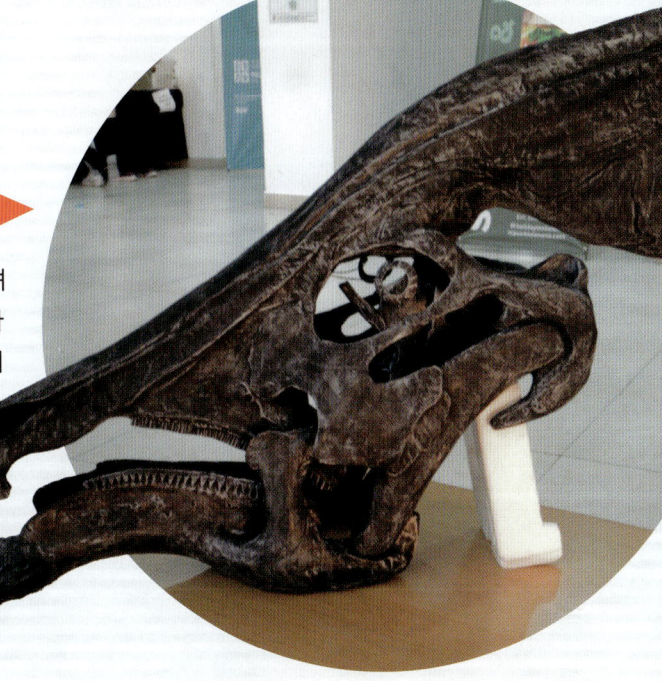

꼭대기에 유난히 커다란 볏이 달린 공룡의 머리뼈예요. 이 머리뼈의 주인은 틀라톨로푸스 갈로룸이랍니다. 2005년에 멕시코 코아우일라주에서 처음 발견되고, 2021년에 이름이 생긴 최신 공룡이지요. 이 공룡의 볏은 길이가 약 1.3미터나 될 만큼 길고, 속이 텅 비어 있어요. 과학자들은 공룡이 이 볏으로 큰 관처럼 소리를 울려 퍼뜨리며 다른 공룡과 의사소통하거나, 자기 자신을 뽐냈을 거라고 추측하지요. 몸길이는 약 8미터로, 꼬리가 몸의 절반 넘게 차지해요. 단단한 턱과 이빨로 식물을 먹으며 무리를 지어 살았어요.

놀랍도록 특별한

캐나다 로키산맥 깊숙한 곳에는 보석처럼 빛나는 모레인 호수가 있어요. 푸른 물감을 풀어놓은 듯 영롱한 호수지요.

해발 1884미터에 자리한 이 호수는 주변 산에서 녹아내린 눈과 빙하가 모여 만들어졌어요. 녹은 물에 섞여 있는 아주 고운 암석 가루가 햇빛을 반사하면서 호수는 눈부신 에메랄드빛으로 빛나요. 이곳이 이렇게 깨끗하고 아름다운 건 사람들이 자연을 잘 지키고 있기 때문이에요. 호수로 가는 길은 자동차가 마음대로 들어갈 수 없고, 주변에는 큰 건물이 없어요. 쓰레기를 함부로 버릴 수도 없지요. 그래서 모레인 호수와 그 주변에는 회색곰이나 아메리카흑곰과 같은 큰 곰들, 바위틈과 풀밭 사이를 뛰어다니는 마멋과 피카 등 야생 동물과 식물들이 안전하게 살고 있답니다. 이 호수는 아름다운 풍경을 넘어 수많은 생명이 함께 사는 소중한 생태계예요. 우리가 자연을 아끼고 보호해야 하는 이유이기도 하지요.

모레인 호수

캐나다 앨버타주 밴프 국립 공원

물이 맑고 깨끗해서 새하얀 눈을 이고 있는 **산봉우리들이 호수 위에 그림처럼 비쳐요.**

바위가 만든 신비한 풍경

파카야 피자
과테말라 산 빈센테 파카야

아주 맛있는 피자를 먹기 위해서라면 어디든 가는 사람들이 있어요. 과테말라의 셰프, 마리오 다비드 가르시아 만시야는 화산 열기에 피자를 굽기 위해 무거운 피자 반죽과 재료를 가지고 산 빈센테 파카야 마을 위로 수천 킬로미터를 올라가요. 처음에는 파카야 화산 용암에 마시멜로를 구워 관광객들에게 주었는데, 이제는 피자로 사업을 확장했어요. 파카야 화산은 1965년부터 활동이 활발하고, 2010년에 대폭발이 일어나기도 했어요. 그래서 준비한 모차렐라 치즈가 녹는 동안 용암이 흐르지는 않는지 지켜봐야 해요.

모뉴먼트 밸리
미국 애리조나주와 유타주

미국 서부에는 웅장한 붉은 바위들이 끝없이 펼쳐진 모뉴먼트 밸리가 있어요. 빨간 모래와 흙으로 덮인 넓은 평원 위에 거대한 바위 기둥들이 우뚝 서 있지요. 수억 년 동안 쌓인 사암이 오랜 세월 바람과 비에 깎이면서 단단한 부분만 남아 만들어진 곳이에요. 그중 가장 유명한 바위기둥 세 개에는 이름까지 있어요! 바로 이스트 뷰트, 웨스트 미튼 뷰트, 메릭 뷰트랍니다. 계곡 바닥에서 무려 약 300미터 높이로 불쑥 솟아 있어요. 참, 이곳을 여행하려면 입장료를 내야 해요. 그러면 차를 타고 울퉁불퉁한 비포장도로를 달리며 신비로운 바위들을 코앞에서 볼 수 있지요. 특히 해가 뜨거나 질 때, 붉은 바위들이 황금빛과 보랏빛으로 물드는 모습이 무척 아름답다고 해요.

토르의 우물
미국 오리건주

퍼페투아곶 근처의 오리건주 해안에는 거대한 구덩이가 있는데, 암석이 바닷물을 삼키는 것처럼 보여요. 이곳을 북유럽 신화에 나오는 천둥의 신 이름을 따서 '토르의 우물'이라고 불러요. 이 구덩이는 아마 바닷속 동굴의 천장이 무너지면서 생겼을 거예요. 6미터 깊이로 추정되는데, 물이 구덩이 안으로 흘러든 다음에는 바닷물 높이로 다시 솟구쳐 올라요.

인간의 실수로 만든 세상에서 가장 아름다운 해변
멕시코 마리에타 제도

멕시코 마리에타 제도의 로스 마에스트로섬에는 꽁꽁 숨어 있는 신비한 해변이 있어요. 큰 바위 동굴 천장에 동그랗게 뚫린 구멍으로 햇빛이 쏟아지면, 그 아래에 고운 모래사장과 맑은 바닷물이 반짝이며 해변이 드러나지요. 동굴 천장 위로 운석이라도 떨어진 건가 싶겠지만, 사실 이 해변은 오래전 멕시코 군대의 폭발 실험으로 우연히 생겨났어요. 뜻밖의 실수가 오히려 아름다운 선물이 된 셈이지요. 해변에 가려면 먼저 배를 타고 섬까지 간 뒤, 썰물 때 드러나는 약 24미터 길이의 동굴 터널을 헤엄쳐야만 도착할 수 있어요. 자연 보호를 위해 하루에 들어갈 수 있는 사람의 수도 최대 600명 정도로 제한되지요. 가는 길이 쉽지는 않지만, 바로 그 점이 이 해변을 더 특별하게 만들어 줘요.

이 해변은 법으로 보호되고 있어서 누구든 20분 이상 머물 수 없어요.

내 성격을 알아보는 QUIZ

북아메리카의 멋진 여행지에서 여름 동안 일을 도와줄 사람을 찾고 있어요. **여러분에게 꼭 맞는 일은 무엇일까요?** 퀴즈를 풀며 알아봐요.

1. 여행 가서 해 보고 싶은 게 뭐야?
a. 골목골목 숨은 가게 찾아다니기
b. 기념품 가게 구경하기
c. 독특한 건물 앞에서 사진 찍기
d. 높은 곳에 올라가 멋진 풍경 보기

2. 물건을 살 때 제일 중요한 건?
a. 오래 봐도 질리지 않아야 해.
b. 쓸모보다는 재미있는 게 좋아!
c. 색깔과 모양이 예쁜 게 최고지.
d. 튼튼하고 편한 게 중요해.

3. 주말에 자유 시간이 생겼어! 무엇을 할래?
a. 서점에 놀러 갈래.
b. 박물관이나 전시회에 가 볼까?
c. 집에서 그림 그릴 거야.
d. 푸르른 나무가 많은 곳으로 여행 가고 싶어.

4. 친구가 여행 기념품을 사 준대! 뭐가 좋을까?
a. 재미있는 책 한 권
b. 웃기고 이상한 장난감
c. 반짝반짝 예쁜 장식품
d. 멋진 풍경이 담긴 엽서

5. 너의 방은 어떤 모습이야?

a. 책이 여기저기 널려 있어.
b. 부모님이 쓰던 물건이랑 내 물건이 함께 있어.
c. 예쁘게 꾸며 놔서 보기만 해도 좋아!
d. 벽에 지도랑 사진이 잔뜩 붙어 있지!

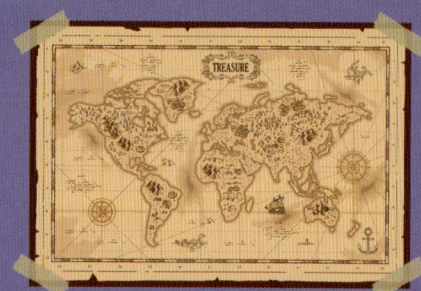

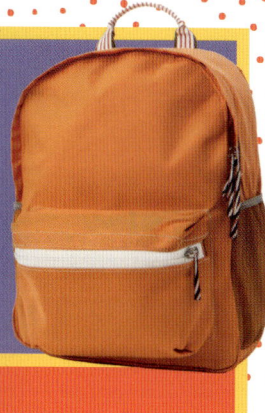

 새로운 사람과 처음 만났을 때 나는?
a. 좋아하는 게 뭔지 물어봐!
b. 웃긴 말로 먼저 인사해.
c. 옷이나 가방 같은 걸 눈여겨봐.
d. 어디 가 봤는지 물으면서 여행 이야기를 꺼내.

7 네 성격은 어때?
a. 차분하고 꼼꼼해.
b. 호기심이 많아!
c. 상상력이 풍부하지.
d. 여유롭고 느긋해.

 마음이 딱 끌리는 공간은?
a. 아늑하고 조용한 내 방
b. 시끌시끌하고 활기찬 시장
c. 햇빛이 반짝반짝 빛나는 창가
d. 시원한 풍경이 펼쳐진 산과 계곡

a가 가장 많다면
여러분에게 가장 어울리는 일은…
원숭이 발 서점 직원이에요. 창의력이 있고, 물건을 모으는 걸 좋아하는 성격이라면 오래되고 희귀한 책을 찾고 파는 이곳에 딱 어울려요. 책 읽기를 좋아한다면 더 멋지겠죠? 서점의 명물인 책 자판기에 넣을 책도 골라 보세요!

b가 가장 많다면
여러분에게 가장 어울리는 일은…
에코 파크 타임 트래블 마트의 계산원이에요. 오래된 것과 새것을 모두 좋아하는 성격은 이 마트의 시대를 초월하는 재미있는 상품들과 잘 어울려요. 출퇴근 시간은 자유롭지만, 돈은 꼭 오늘날 쓰는 화폐로 받도록 하세요!

c가 가장 많다면
여러분에게 가장 어울리는 일은…
보틀 하우스의 큐레이터예요. 유리병으로 만든 이 특별한 집에 전시할 물건을 고르며 여러분의 예술 감각을 마음껏 펼쳐 보세요. 햇빛에 비친 병들이 만드는 예쁜 그림자가 또 다른 영감을 줄 거예요.

d가 가장 많다면
여러분에게 가장 어울리는 일은…
그랜드 캐니언의 여행 가이드예요. 여행 온 사람들에게 넓고 멋진 계곡을 안내하고, 남는 시간에는 혼자서 장엄한 풍경을 즐겨 보세요. 아무리 봐도 질리지 않을 거예요.

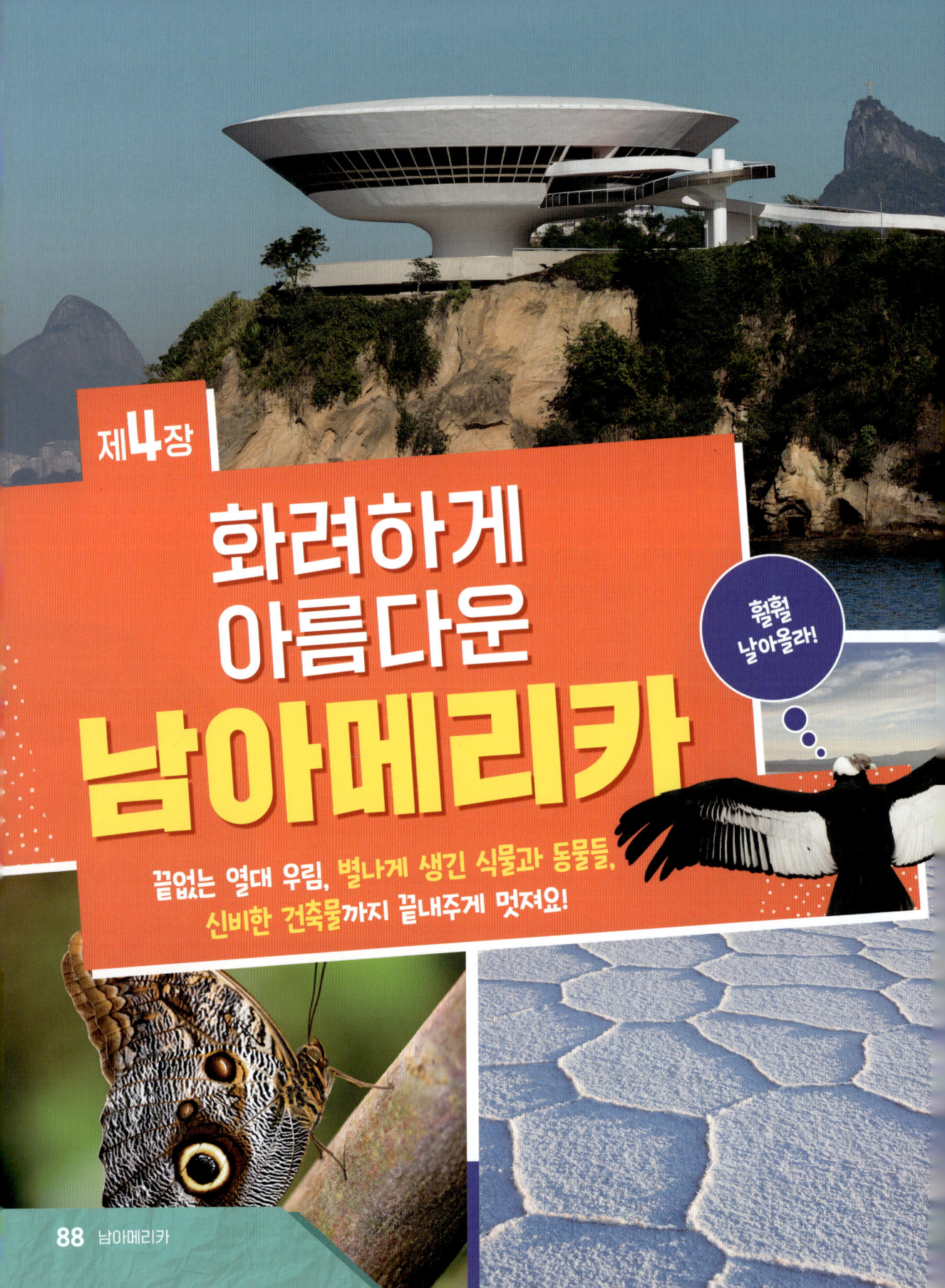

제4장
화려하게 아름다운
남아메리카

훨훨 날아올라!

끝없는 열대 우림, 별나게 생긴 식물과 동물들, 신비한 건축물까지 끝내주게 멋져요!

헤라클레스장수풍뎅이는 **길고 단단한 뿔**로 다른 수컷들과 **힘겨루기**를 하며 자기 영역을 지켜요.

마추픽추의 건물과 담은 **접착제**를 쓰지 않고 돌을 꼭 맞게 쌓아 올려서 지어졌어요.

지도를 보며 남아메리카를 알아보아요!

남아메리카를 이곳저곳 누비며 끝없이 펼쳐진 자연의 놀라움과 눈길을 사로잡는 화려한 동식물을 발견해 보아요!

볼리비아의 해군들은
페루와 볼리비아 사이에 있는 **티티카카 호수**에서 훈련한대요! 볼리비아에는 바다가 없기 때문이지요.

콜롬비아에는 소금 광산 안에 지어진 성당이 있어요.
반짝반짝 빛나는 이 성당의 이름은 **지파키라 소금 대성당**이에요.

갈라파고스 제도에 사는 **푸른발얼가니새**는 발이 **파란색**이에요.
꼭 파란 양말을 신은 것 같죠!

지도 라벨
- 카리브해
- 베네수엘라
- 가이아나
- 수리남
- 프랑스령 기아나
- 콜롬비아
- 지파키라 소금 대성당
- 에콰도르
- 갈라파고스 제도 (에콰도르)
- 페루
- 아마존강
- 대서양
- 태평양

잊지 못할 멋진 장소들

구세주 그리스도상
브라질 리우데자네이루

브라질 리우데자네이루의 코르코바두 언덕 정상에는 거대한 구세주 그리스도 조각상이 서 있어요. 높이는 약 30미터, 받침대까지 합치면 무려 약 38미터나 된답니다. 13층짜리 아파트만큼 크죠. 두 팔을 활짝 벌린 그리스도상은 가톨릭교에서 구원을 상징해요. 팔에서 팔끝까지 길이는 약 28미터! 마치 온 세상을 안아 주는 것 같아요. 이 조각상은 브라질 독립 100주년을 기념해 1926년부터 1931년까지 5년 동안 세워졌어요. 트램이나 버스 등 교통수단을 타고 그리스도상이 있는 곳으로 올라가면 리우데자네이루를 한눈에 내려다볼 수 있어요.

파타고니아
아르헨티나와 칠레

파타고니아는 남아메리카 대륙의 맨 남쪽, 아르헨티나와 칠레에 걸쳐 있는 지역이에요. 안데스산맥의 높은 봉우리와 빙하, 넓은 초원과 사막이 어우러져 자연의 아름다움을 그대로 느낄 수 있지요. 칠레 파타고니아의 남부에는 토레스 델 파이네 국립 공원이 있어요. 세 개의 뾰족한 화강암 봉우리가 유명하고, 많은 동식물이 살아가는 유네스코 세계 생물권 보호 구역이에요. 아르헨티나 파타고니아에서는 세계에서 가장 아름다운 빙하로 꼽히는 페리토 모레노 빙하가 유명해요. 종종 거대한 얼음덩어리가 무너져 큰 소리를 내며 호수 속으로 떨어지는 장면도 볼 수 있대요.

페리토 모레노 빙하는 하루에 약 2미터씩 앞으로 움직여요.

우유니 소금 사막
볼리비아 남서부

여기는 끝없는 눈밭일까요? 아니면 하얀 바다일까요? 둘 다 아니에요. 이곳은 세계에서 가장 큰 소금 사막이랍니다! 아주 오래전 거대한 소금 호수가 말라 버리면서 소금만 남아 만들어졌지요. 12월부터 3월 사이 비가 내리는 우기에는 사막 위에 고인 물에 하늘과 땅이 그대로 비쳐요. 4월부터 11월까지 비가 오지 않는 건기에는 상황이 달라요. 육각형 모양으로 갈라진 단단한 소금 바닥이 끝없이 펼쳐지죠. 우유니 소금 사막은 해발 약 3650미터의 높은 곳에 있어요. 이곳에 가면 숨이 가빠지거나 어지러운 고산병이 생길 수 있으니 쉬엄쉬엄 다니고 물을 자주 마시는 게 좋아요.

다 말라 버렸어.

기막히게 귀여워! 우는긴털아르마딜로

내가 좀 귀엽지!

이 특이한 동물 이름에 특별한 뜻은 없어요. 말 그대로 울음소리를 내고 털이 긴 동물이지요. 다른 아르마딜로처럼 등딱지가 갑옷처럼 두꺼운데, 배와 팔다리에는 털이 엄청나게 많아요. 털로 주위를 감지해서 나쁜 시력을 보완하지요. 그럼 '우는' 건 왜냐고요? 위협을 느낄 때마다 큰 소리로 울어요. 이 시끄러운 아르마딜로는 아르헨티나, 볼리비아, 파라과이 등지에 살고, 모래 언덕에 굴을 파고 지내요. 개미나 흰개미, 지렁이 등 주로 땅속에 사는 동물을 잡아먹기 때문에 먹이를 찾다 보면 의도치 않게 모래를 꽤 많이 먹게 된답니다.

놀랍도록 특별한

거대한 물줄기가 쏟아져 내리는 모습이 마치 하늘에서 커튼을 내려놓은 것 같아요!

약 2.7킬로미터에 걸쳐 270여 개의 크고 작은 폭포가 모여 있는 이구아수 폭포는 자연이 연주하는 웅장한 물의 오케스트라를 들려주어요. 그중 가장 유명한 폭포는 이름도 무서운 '악마의 목구멍'이에요. 약 80미터 높이에서 엄청난 양의 물이 거대한 굉음을 내며 아래로 쏟아져요. 그 소리가 얼마나 큰지 악마가 으르렁거리는 소리처럼 들려서 이런 별명이 생겼죠. 이구아수 폭포는 이구아수강을 흐르는 물이 커다란 절벽을 넘으면서 생긴 폭포예요. 폭포 주변을 거닐거나 기차, 헬리콥터를 타고 감상하는 방법도 있지만, 가장 짜릿한 방법은 역시 보트를 타고 폭포 바로 앞까지 다가가는 거예요. 온몸으로 물보라를 맞으며 폭포의 압도적인 힘을 직접 느껴 볼 수 있답니다.

이구아수 폭포

아르헨티나와 브라질 국경

이구아수는 원주민들의 말로 거대한 물이라는 뜻이에요.

당장 떠나고 싶은 휴가지

카사푸에블로
우루과이 푼타 발레나

카를로스 파에스 빌라로라는 유명한 예술가가 자신의 별장이자 작업실로 지은 곳이에요. 정해진 설계도 따위는 없었어요. 그때그때 즉흥적으로 지어 나갔지요. 그래서일까요? 건물의 하얀 벽과 자유로운 곡선은 바다와 하늘에 스며들 듯 이어져요. 풍경을 해치지 않고 오히려 자연의 일부가 된 것처럼 말이에요. 지금 이곳은 호텔, 박물관, 미술관으로 쓰이고 있어요. 호텔에 묵는 사람들은 방마다 다른 구조와 인테리어를 즐길 수 있고, 곳곳에 전시된 빌라로의 작품도 감상할 수 있지요. 가장 특별한 순간은 매일 저녁 테라스에서 경험할 수 있어요. 우루과이 전체에서 손에 꼽힐 정도로 환상적인 일몰의 풍경을 감상할 수 있거든요. 바다와 하늘이 물드는 풍경 속에서 모두가 잠시 같은 감동을 나눌 수 있지요.

세상 끝 기차
아르헨티나 우수아이아

남아메리카 대륙 끝에 있는 우수아이아는 세계에서 가장 남쪽에 자리한 도시예요. 남극과의 거리가 약 1000킬로미터밖에 되지 않아서, 남극 탐험을 떠나는 배들이 많이 머문답니다. 대항해 시대에는 대서양과 태평양을 오가던 배들이 들르는 마지막 항구이기도 했지요. 1900년대, 아르헨티나 정부는 이곳에 형무소를 세우고 죄수들에게 철도와 도시 시설을 짓게 했어요. '세상 끝 기차'는 장작을 모으러 산을 오가는 죄수들을 실어 나르던 기차였어요. 하지만 1947년에 형무소가 문을 닫으면서 기차도 멈춰 버렸지요. 그 뒤로 오랫동안 쓰이지 않다가 1994년부터 관광 기차로 다시 달리게 되었답니다.

인사노
브라질 포르탈레자

브라질 비치파크의 인사노는 지난 10년 동안 세계에서 가장 높은 워터 슬라이드였어요. 41미터 그러니까 14층 건물 높이예요. 겁 없는 사람들은 시속 105킬로미터로 미끄럼틀을 휙 내려가요. 아찔함을 원한다면 이렇게 타 봐요. 등을 미끄럼틀에 빈틈없이 바짝 대는 거예요. 아마 그럴 틈도 없겠지만요. 5초 만에 이미 내려와 있을 테니까요! 경사가 너무 가팔라서 인사노를 탄 사람들은 꼭 하늘을 나는 기분이었다고 해요.

비치파크에는 **자유 낙하 슬라이드**도 있어요. **바닥에 난 작은 문**이 열리면 **25미터 아래로 떨어지는 거예요.**

라스올라스 호스텔
볼리비아 코파카바나

독특한 형태와 밝은 색상, 복잡한 장식이 있는 라스올라스 호스텔엔 10가지 스타일의 화려한 숙소들이 모여 있어요. 티티카카 호수도 내려다보이지요. 이 호스텔은 친구들 몇 명이 모여 현지 자연에서 나는 재료로 예술 작품 같은 숙소를 짓자는 야심 찬 생각에서 시작되었어요. 이들의 시도는 건축과 예술의 경계를 허물었지요. 산비탈에 있는 스위트룸은 모두 다른 조각 작품 같아요. 거북이부터 달팽이 껍데기, 바람까지 자연에서 받은 영감이 저마다 담겨 있답니다. 마당에는 알파카들이 한가로이 돌아다니는데, 이곳에 신비로움을 더해 줘요.

숫자로 알아볼까요?

엘 아테네오 그랜드 스플렌디드

세계에서 가장 아름다운 서점이라는 찬사를 받는 이곳은 원래 화려한 극장이었어요. 아르헨티나에서 이름값을 톡톡히 하고 있지요! 이곳은 1919년에 오페라 극장으로 문을 열었고, 1929년에 영화관이 되었어요. 이제 무대는 카페로 바뀌었고, 관람석과 발코니는 책장으로 가득해요. 한때 발레와 오페라 공연이 열렸던 아름다운 돔 극장은 정성스럽게 보존되어 지금까지도 방문객과 독서가들의 발길을 사로잡고 있어요.

최초 극장의 좌석 수: 1050석

서점으로 바뀐 해: 2000년

보유한 책의 수: 12만 권 이상

한 해 방문객 수: 약 100만 명

건물 크기: 2000제곱미터
(테니스 경기장 10개를 합친 크기예요.)

남아메리카

놀랍도록 특별한 마추픽추

높은 산과 구름 사이에 고대 도시가 펼쳐져 있어요.

페루 안데스산맥

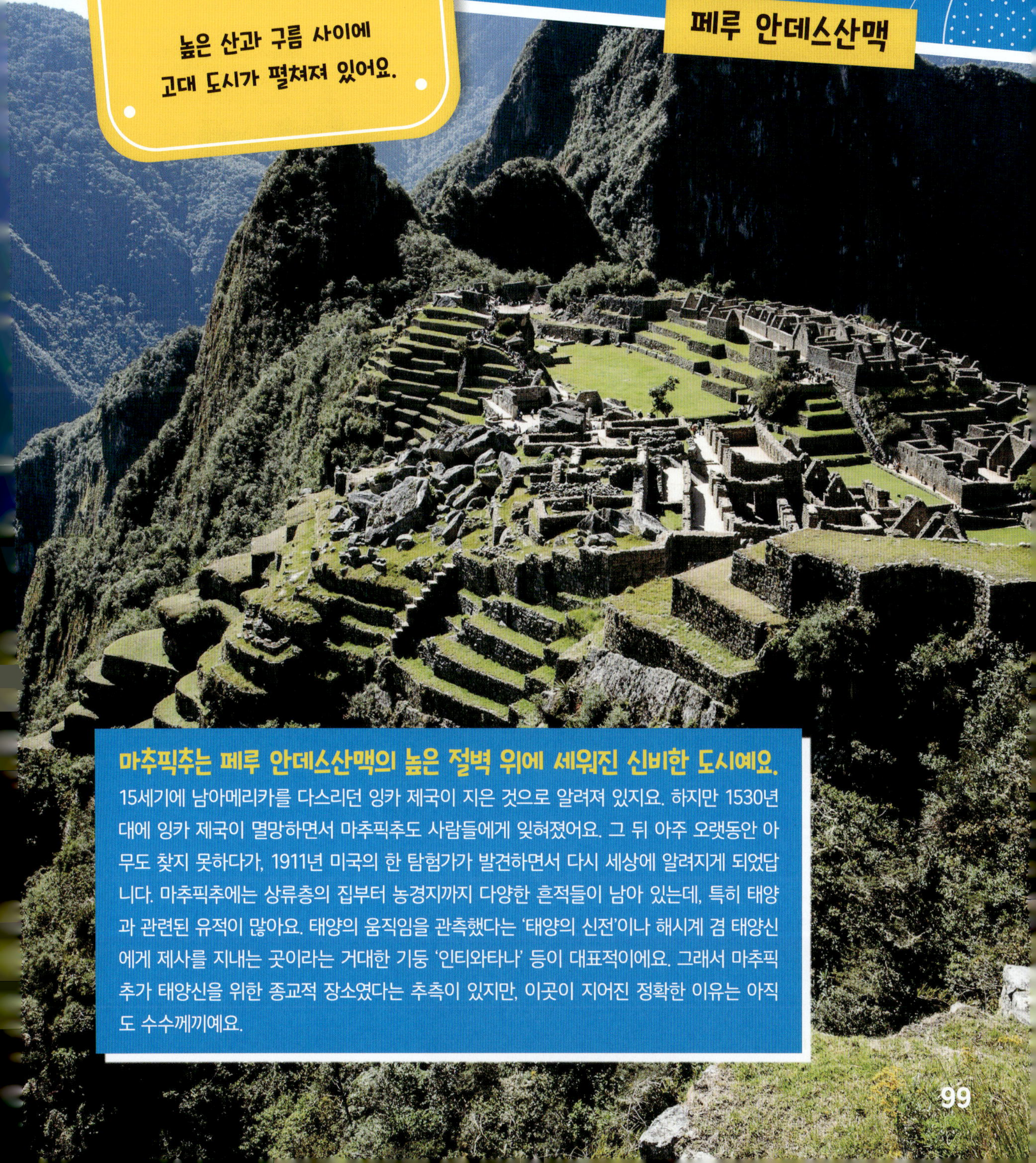

마추픽추는 페루 안데스산맥의 높은 절벽 위에 세워진 신비한 도시예요. 15세기에 남아메리카를 다스리던 잉카 제국이 지은 것으로 알려져 있지요. 하지만 1530년대에 잉카 제국이 멸망하면서 마추픽추도 사람들에게 잊혀졌어요. 그 뒤 아주 오랫동안 아무도 찾지 못하다가, 1911년 미국의 한 탐험가가 발견하면서 다시 세상에 알려지게 되었답니다. 마추픽추에는 상류층의 집부터 농경지까지 다양한 흔적들이 남아 있는데, 특히 태양과 관련된 유적이 많아요. 태양의 움직임을 관측했다는 '태양의 신전'이나 해시계 겸 태양신에게 제사를 지내는 곳이라는 거대한 기둥 '인티와타나' 등이 대표적이에요. 그래서 마추픽추가 태양신을 위한 종교적 장소였다는 추측이 있지만, 이곳이 지어진 정확한 이유는 아직도 수수께끼예요.

뜻밖의 사막 탐험

세계에서 가장 오래된 미라
칠레 아타카마 사막

세계에서 가장 오래된 미라는 무엇일까요? 놀랍게도 고대 이집트의 미라가 아닌 칠레 북부에 살던 친초로 사람들이 만든 미라예요. 기원전 약 5000년 전, 친초로 사람들은 신분이나 나이에 상관없이 죽은 사람을 모두 미라로 만들었어요. 죽은 이의 내장과 피부를 제거한 뒤, 진흙을 바르고 갈대로 꿰매서 만들었지요. 미라는 친초로 사람들이 살았던 아타카마 사막 덕분에 완벽하게 보존되었어요. 지구에서 가장 건조한 곳 중 하나인 이 사막의 환경이 수천 년 동안 미라가 썩는 것을 막아 주었거든요. 그래서 오늘날 우리가 고대 사람들의 기술과 생활을 엿볼 수 있게 된 거랍니다.

파타고니아 사막은 아메리카 대륙에서 가장 큰 사막이에요.

거대한 공룡들이 살던 사막
아르헨티나 파타고니아 사막

파타고니아 사막은 우리가 흔히 떠올리는 모래 언덕이 아니에요. 키 작은 나무와 풀들이 자라는 건조한 자갈 평원이지요. 사실 이 사막은 예전에 지구에서 가장 거대한 공룡들이 살던 땅이었어요! 건조한 날씨 덕분에 공룡 화석이 놀라울 만큼 잘 보존되어 있지요. 긴 목과 꼬리를 가진 거대한 초식 공룡은 물론, 티라노사우루스 렉스를 닮은 무시무시한 육식 공룡의 화석도 발견되었답니다. 특히 이 사막에서 발견된 파타고티탄은 지금까지 발견된 공룡 중에서 몸집이 가장 큰 공룡으로 알려져 있어요. 이 이름의 뜻은 '파타고니아의 거인'이에요. 아프리카코끼리 14마리를 합친 만큼 크다고 하니, 정말 어마어마하죠!

진흙 벽돌 피라미드
페루 세추라 사막

끝없이 펼쳐진 모래 언덕 속에 거대한 피라미드가 숨어 있다면 믿어지나요? 페루 북서부 세추라 사막에는 잉카 문명보다 오래된 모체 문명의 유적이 남아 있어요. 기원전 100년 무렵부터 700년대까지 이어진 모체 문명을 이룬 사람들은 수로를 만들어 농업을 발전시키고 인구를 늘려 갔어요. 모체 사람들은 피라미드도 세웠어요. 흙과 물을 섞어 햇볕에 말려 만든 진흙 벽돌을 수천만 개나 쌓아 올려 지었지요. 대표적으로 해의 피라미드와 달의 피라미드가 있어요. 흥미롭게도 벽돌 하나하나에는 만든 사람이나 소속 집단을 나타내는 표시가 남아 있다고 해요. 사막 속 피라미드 벽돌에 모체 사람들의 손길과 흔적이 살아 숨 쉬고 있는 거예요.

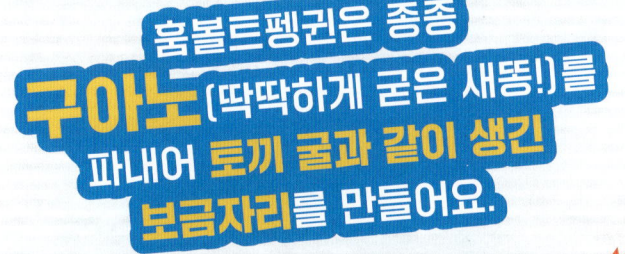

훔볼트펭귄은 종종 **구아노**(딱딱하게 굳은 새똥!)를 파내어 토끼 굴과 같이 생긴 보금자리를 만들어요.

사막의 펭귄들
칠레 아타카마 사막

펭귄은 보통 얼음과 눈 위에 보금자리를 만들지만, 훔볼트펭귄 무리는 아타카마 사막에 살아요. 덥고 척박한 땅에 둥지를 틀고 가까운 바다에서 풍족하게 물고기를 잡아먹지요. 훔볼트펭귄이 물고기를 사냥하는 곳은 페루 해류가 흐르는 좁은 해안 지대예요. 페루 해류는 바닷가에서 가까운 육지와 바닷물을 차갑게 식혀 주거든요. 그래서 펭귄들은 사막 깊숙이 들어가지 않아도 되지요.

수상한 곤충들!

난초벌

난초벌은 검은색과 노란색 줄무늬에 솜털이 북슬북슬한 여느 꿀벌과 완전 딴판이에요. 반질거리는 초록색에 털도 많지 않지요! 각도에 따라 반짝반짝 광이 나서 벌보다는 딱정벌레 같아요. 난초벌은 남아메리카 열대 우림에서 볼 수 있어요. 혀가 어찌나 긴지, 자기 몸길이의 두 배나 돼요! 입구가 좁은 꽃 속에 긴 혀를 쭉 넣어서 향기를 내는 물질을 모아요. (꽃향기는 수컷이 암컷의 관심을 끄는 데 아주 중요한 역할을 해요.) 난초벌은 특히 난초 꽃과 특별한 사이예요. 700종이 넘는 서양란을 수분시키거든요. 꽃들이 시나몬 향, 바닐라 향, 또는 썩은 고기 냄새로 끌어들이면 벌에 꽃가루가 달라붙어요. 그 뒤 벌은 다음 꽃으로 가서 수분시키지요.

헤라클레스장수풍뎅이

남아메리카 열대 우림에는 엄청나게 큰 딱정벌레가 살아요. 몸길이가 무려 17센티미터까지 자라는데, 특히 수컷은 머리와 몸에 길고 단단한 뿔이 두 개나 달려 있죠. 이 곤충은 힘도 엄청나요! 자기 몸무게의 수백 배나 되는 무게를 번쩍 들어 올릴 수 있답니다. 그래서 이 곤충에 그리스 신화 속 힘센 영웅, 헤라클레스의 이름을 붙여 헤라클레스장수풍뎅이라고 불러요.

잎꾼개미

잎꾼개미들이 줄지어 자기 몸보다 훨씬 큰 나뭇잎 조각을 들고 가요. 잎꾼개미들은 이 나뭇잎을 개미집으로 가져간 뒤, 잎을 잘게 씹어 땅속에 깔아 두어요. 그럼 그 위에 버섯균이 자라고, 개미들은 바로 그 균을 먹고 살지요. 잎꾼개미들은 역할도 나뉘어 있어요. 버섯균을 키우는 정원사개미, 개미들을 지키는 소형일개미, 잎을 자르고 나르는 중형일개미 등 각자 맡은 일을 척척 해내며 개미 왕국을 꾸려 나가요.

102 남아메리카

왁스테일드 리프호퍼

이 곤충은 어떻게 자신을 보호할까요? 바로 엉덩이를 멋지게 장식해서요! 이 기이한 생물은 엉덩이 부분에 정교한 왁스 장식을 만들어 두는데, 장식은 두 가지 중요한 역할을 해요. 하나는 바로 자신의 배설물을 멀리 튕겨 날리는 거예요. 녀석은 식물의 달콤한 수액을 배불리 먹고 나면 몸에서 끈적끈적한 분비물을 내보내요. 이때 엉덩이 장식이 방향을 잡아 주어 분비물이 몸에 묻지 않고 깨끗하게 처리되도록 도와주지요. 또 하나는 이 장식이 곰팡이가 핀 것처럼 보이게 한다는 거예요. 포식자는 이 곤충이 썩은 걸로 착각하고는 가 버려요.

타이탄하늘소

세상에서 가장 큰 딱정벌레예요. 몸길이는 최대 17센티미터! 어른 손바닥만 하죠. 커다란 집게턱은 연필을 뚝 부러뜨릴 만큼 힘이 세요. 이 곤충은 애벌레일 때는 나무 속에서 몇 년 동안 자라지만, 어른벌레가 되면 겨우 몇 주밖에 살지 못해요. 그 짧은 시간 동안 아무것도 먹지 않고 오직 짝짓기만 하고, 임무를 마치면 바로 생을 마쳐요.

흰개미

흰개미가 브라질 북동부의 23만 제곱킬로미터가 넘는 지역에 원뿔 모양 언덕을 약 2억 개나 지었어요. 이 언덕들은 벌집무늬를 띠며, 영국과 맞먹는 면적을 차지해요. 어찌나 넓은지 우주에서도 보일 정도예요. 흰개미의 몸길이가 1.3센티미터 정도라는 걸 고려하면, 정말 놀라운 일이죠! 각 언덕의 너비는 약 9미터, 높이는 약 3미터예요. 하지만 땅 위로 보이는 것은 흰개미가 땅속에 수많은 굴을 파고 연결하느라 밖으로 퍼낸 흙일 뿐이에요. 어떤 언덕은 이집트 기자에 있는 피라미드와 나이가 비슷해요. 4000년도 더 전에 지은 거예요!

올빼미나비

이 나비의 이름은 올빼미나비예요. 날개 아랫부분에 올빼미 눈처럼 크고 둥근 무늬가 있어서 붙은 이름이지요. 이 무늬를 본 새나 도마뱀 같은 적들은 진짜 올빼미가 노려본다고 착각하고는 겁을 먹고 달아나 버린답니다. 날개 폭이 최대 20센티미터나 되는 올빼미나비는 아메리카 대륙에서 가장 큰 나비이기도 해요.

놀랍도록 특별한

지구의 허파라고 불리는 숲이 있어요. 바로 세계에서 가장 큰 열대 우림, 아마존이에요.

아마존은 크기가 무려 약 600만 제곱킬로미터로, 우리나라의 60배나 된답니다. 아마존에는 1년에 2000밀리미터가 넘는 많은 비가 내려서 언제나 습해요. 그래서 수많은 동물과 식물이 모여 살고 있지요. 지구에 사는 동식물의 10퍼센트나 여기에 살고 있어요! 아마존의 빽빽한 나무들은 숨을 들이쉬듯 이산화탄소를 빨아들이고, 내쉬듯 산소를 내뿜어요. 우리가 숨 쉴 때 필요한 산소를 계속 만들어 내는 거예요. 그래서 사람들이 아마존을 두고 '지구의 허파'라고 부른 거지요. 그런데 지금 아마존이 큰 위기를 맞고 있어요. 소를 키우거나 농사를 짓기 위해 불법으로 나무를 베고 불 태우는 일이 계속되면서 숲이 빠르게 파괴되고 있거든요. 여러 환경 보호 단체와 국제 기구들이 아마존을 지키려 애쓰고 있지만, 우리 모두의 관심도 더 필요해요.

아마존 열대 우림

브라질, 페루, 콜롬비아 등 9개국

초콜릿을 만드는 카카오나무는 원래 아마존에서 처음 자라났어요.

아주 기묘한 식물 이야기

그란 아부엘로 나무
칠레 알레르세 코스테로 국립 공원

오래된 상록수 숲 위로 우뚝 솟은 나무 이름은 '그란 아부엘로'로, 증조할아버지라는 뜻이에요. 알레르세 코스테로 국립 공원에 있는 이 나무는 키가 60미터가 넘어요. 약 5400세로 추정하고 있는데, 정확하지는 않아요. 나무의 나이를 알기 위해 가느다랗고 긴 쇠막대처럼 생긴 도구(나이테 시추기)를 나무 몸통에 넣어 나이테 표본을 채취하려고 했지만, 지름이 4미터인 몸통에서 40퍼센트 되는 지점밖에 못 들어갔어요. 중심부는 썩었을 거라고 추측돼요. 대신 과학자들은 수학 모델을 써서 나이를 추정하기로 했어요. 결과가 맞다면, 그란 아부엘로는 가장 오래된 나무로 알려진 미국 캘리포니아의 강털소나무 므두셀라보다 적어도 500세 더 많아요.

그란 아부엘로는 남아메리카에서 가장 큰 나무 종인 파타고니아 사이프러스예요.

푸야 라이몬디
볼리비아와 페루

'안데스의 여왕'으로 알려진 푸야 라이몬디는 키가 8미터가 넘어요. 세계에서 가장 커다란 파인애플과 식물로, 꽃줄기가 세계에서 가장 길지요. 줄기에는 꽃 수천 송이가 피어요. 하지만 꽃을 보려면 엄청나게 오래 기다려야 할 거예요. 가시로 뒤덮인 이 식물은 80세에서 100세는 되어야 꽃을 피우거든요! 마침내 꽃을 피워 새와 벌이 수분시키고 나면, 활짝 핀 다음에 바로 죽어요. 페루와 볼리비아에 걸친 안데스산맥 야생에서 볼 수 있지만, 멸종 위기에 처해 있어요.

남아메리카

빅토리아 아마조니카
← 아마존강 유역

물 위에 커다란 침대가 둥둥 떠 있는 것처럼 보이는 이 식물은 빅토리아 아마조니카예요. 세계에서 가장 큰 수련 중 하나인데, 그 크기가 정말 어마어마하죠! 둥근 잎은 지름이 최대 3미터까지 자라요. 잎 뒷면에 복잡하게 얽힌 그물 모양의 잎맥들이 잎맥 사이사이마다 공기를 가둘 수 있는 공간을 만들어서 거대한 잎이 물에 둥실 잘 뜰 수 있는 거예요. 어떤 잎은 어린아이가 올라타도 끄떡없지요. 꽃도 지름이 40센티미터나 될 만큼 커요. 밤에만 피는데, 처음에는 하얀색이었다가 시간이 지나면서 붉은색으로 변하는 신비로운 모습을 보여 줘요.

누가 내 피 뽑아 갔어?

크로톤 레클레리
아마존강 유역 →

이 나무는 껍질에 상처를 내면 진한 붉은빛 수액이 흘러나와요. 마치 피 같아서 '드래곤스 블러드(용의 피)'라고 불리죠. 아마존의 원주민들은 오래전부터 이 수액을 약처럼 사용했어요. 상처에 바르면 피가 멎고, 염증이 줄어들며, 통증도 가라앉는다고 믿었지요. 실제로 과학자들의 연구에서도 이 수액에 세균을 억제하고 피부 회복을 돕는 성분이 들어 있다는 사실이 밝혀졌어요. 오늘날에도 이 나무의 수액은 영양제나 피부 연고 등에 쓰이고 있어요. 위나 장 건강에 도움을 준다고 해서 차처럼 마시기도 한답니다. 마치 전설 속 용의 피가 사람을 지켜 주는 것 같죠?

창의적인 건축물

아마냥 박물관
브라질 리우데자네이루

거대한 터빈처럼 보이는 이 건축물은 아마냥 박물관, 즉 '미래 박물관'이에요. 스페인 건축가 산티아고 칼라트라바가 설계한 과학 박물관이지요. 이 건축물은 사람들의 눈길을 사로잡으며 2015년에 문을 열었어요. 지붕에 가로대처럼 있는 태양 전지판들은 햇빛을 따라서 움직여요. 현대 기술과 자연이 어우러진 이 건물은 열대 식물인 브로멜리아드와 파인애플에서 영감을 받았어요. 박물관 안에는 지구와 우주, 인간이 지구에 미치는 영향에 관해 관람객이 참여할 수 있는 형태로 전시되어 있어요. 박물관 안팎으로 지속 가능성을 생각하게 하고, 일반 건물보다 에너지를 40 퍼센트 덜 쓰고 있지요.

뉴 안데스 건축 양식

볼리비아 엘알토

건축가 프레디 마마니는 '뉴 안데스 건축'이라는 새로운 건축 양식을 만들었어요. 그는 밋밋한 도시 풍경에 생기를 불어넣고 싶다는 꿈이 있었죠. 마마니의 건물들은 그의 조상인 아이마라 원주민 문화에서 영감을 받았어요. 고대 도시 '티와나쿠' 유적의 문양과 아이마라 사람들이 입는 '아구요'라는 화려한 색깔의 천 무늬가 디자인 속에 녹아 있지요. 건물 안도 외관만큼이나 화려해요. 바닥부터 천장까지 변화무쌍한 무늬와 눈부신 색이 이어지고, 입이 떡 벌어지는 샹들리에도 있어요. 여러 층으로 된 건물의 1층은 가게로, 위층은 전시실이나 실내 수영장 등으로 쓰여요. 지금까지 마마니는 엘알토에만 이런 건물을 약 100채나 지었고, 볼리비아 곳곳에 더 많은 건물을 짓고 있어요.

그란 토레 산티아고
칠레 산티아고

이 건물은 남아메리카에서 가장 높은 건물이에요. 높이가 무려 약 300미터인 62층짜리 초고층 건물이지요. 2006년에 공사를 시작해 2012년에 완성되었어요. 반짝이는 유리와 철로 둘러싸인 매끈한 모습이 마치 하늘을 찌르는 거대한 유리 기둥 같아요. 이 건물은 칠레에서 자주 일어나는 큰 지진에도 끄떡없도록 설계되었어요. 안에는 카페, 식당, 쇼핑몰, 호텔까지 없는 게 없지요. 꼭대기 61층과 62층에는 전망대가 있어서 산티아고 도시 전체를 한눈에 볼 수 있어요. 밤이 되면 수많은 불빛이 반짝이는 아름다운 야경을 감상할 수 있답니다.

니테로이 현대 미술관
브라질 리우데자네이루

만약 외계인이 지구에서 전시를 연다면 이런 미술관을 짓지 않을까요? 브라질 니테로이 해안에 서 있는 이 미술관은 마치 바다 위에 착륙한 외계인의 비행 접시 같아요. 원 모양의 본관은 가늘고 긴 기둥이 받치고 있고, 건물에 들어가려면 나선형 경사로를 따라 올라가야 해요. 마치 우주선의 입구로 들어가는 기분이 들지요. 이곳에서는 1950년대부터 1990년대까지의 브라질 현대 미술 작품들을 볼 수 있어요. 그림과 조각 등 전시가 열릴 때마다 색다른 작품도 만날 수 있지요. 그런데 사실 많은 사람들이 이곳을 찾는 가장 큰 이유는 건물 그 자체 때문이에요. 둥근 흰색 건물과 붉은 경사로가 푸른 바다와 어우러진 모습이 정말 장관이거든요. 그래서 세계적으로도 가장 독창적이고 아름다운 건축물 중 하나로 꼽힌답니다.

남아메리카 동물에 관한

판타스틱 놀라운 세계 정보

라마는 안데스산맥의 높은 곳에서 살아요. 고대부터 **사람들의 무거운 짐을 날라 준** 고마운 동물이죠.

나무늘보는 일주일에 **딱 1번** 똥을 누려고 나무에서 내려와요.

카피바라는 물속에서 **최대 5분 동안 잠수할 수 있어서** 적이 나타나면 **재빨리 물속으로 달아나요.**

아마존강돌고래는 바다가 아니라 **아마존강**에서 살아요. 태어날 때는 몸 색깔이 회색이지만 자라면서 점점 **옅은 분홍색**으로 변하지요.

엄청난 사실들

아나콘다는 세계에서 가장 크고 무거운 뱀 중에 하나예요. 카피바라 같은 덩치 큰 먹이도 **한입에 통째**로 삼켜요.

거미원숭이의 **꼬리** 끝에는 **지문처럼 생긴 주름**이 있어서 나뭇가지를 붙잡을 때 미끄러지지 않아요.

안데스콘도르는 주로 죽은 동물의 고기를 먹고 살아요. **자연의 청소부**라고도 불리지요.

미술관으로 가.

가장 좋아하는 색깔은…

밝고 눈부신 색 →

나에게 딱 맞는 여행지는?
니테로이 현대 미술관
특별하고 개성 있는 걸 좋아하는 사람에게는 니테로이 현대 미술관이 안성맞춤이에요. 전시된 미술 작품뿐 아니라 건축물 자체가 예술인 곳이죠. 독특한 건물만 바라봐도 창의력이 샘솟을 거예요.

잔잔하고 편안한 색 →

나에게 딱 맞는 여행지는?
카사푸에블로
마음이 늘 잔잔하고 평온한 사람이라면, 우루과이 푼타 발레나의 카사푸에블로가 잘 어울려요. 테라스에 앉아 해가 지는 풍경을 바라보며 그저 평화로운 시간에 몸을 맡겨 보아요.

깨끗하게 정돈되어 있어.

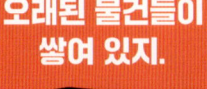
오래된 물건들이 쌓여 있지.

끝없이 펼쳐진 자연 →

나에게 딱 맞는 여행지는?
우유니 소금 사막
낭만을 사랑하고 감수성이 풍부한가요? 그럼 우유니 소금 사막으로 가 보세요. 끝없이 펼쳐진 반짝이는 풍경 속에서 마치 꿈속을 걷는 기분을 느낄 수 있답니다.

어디를 더 가 보고 싶어?

오랜 역사가 남아 있는 곳 →

나에게 딱 맞는 여행지는?
마추픽추
새로운 걸 탐험하기를 좋아하는 사람이군요. 안데스산맥의 높은 곳에 자리한 고대 잉카 도시로 떠나 보는 건 어때요? 돌로 지은 성곽과 신전이 안개 속에서 모습을 드러내면 시간 여행자가 된 것 같은 경이로운 경험을 할 수 있어요.

코알라는 긴 털이 덮인 귀로 소리를 무척 잘 들어요.

지도를 보며 알아보아요!

오세아니아는 지구에서 가장 넓은 바다 위에 흩어진 섬들로 이루어졌어요. **놀랍도록 다채로운 동물, 믿기 힘든 풍경, 독특한 건축물**로 넘쳐나지요.

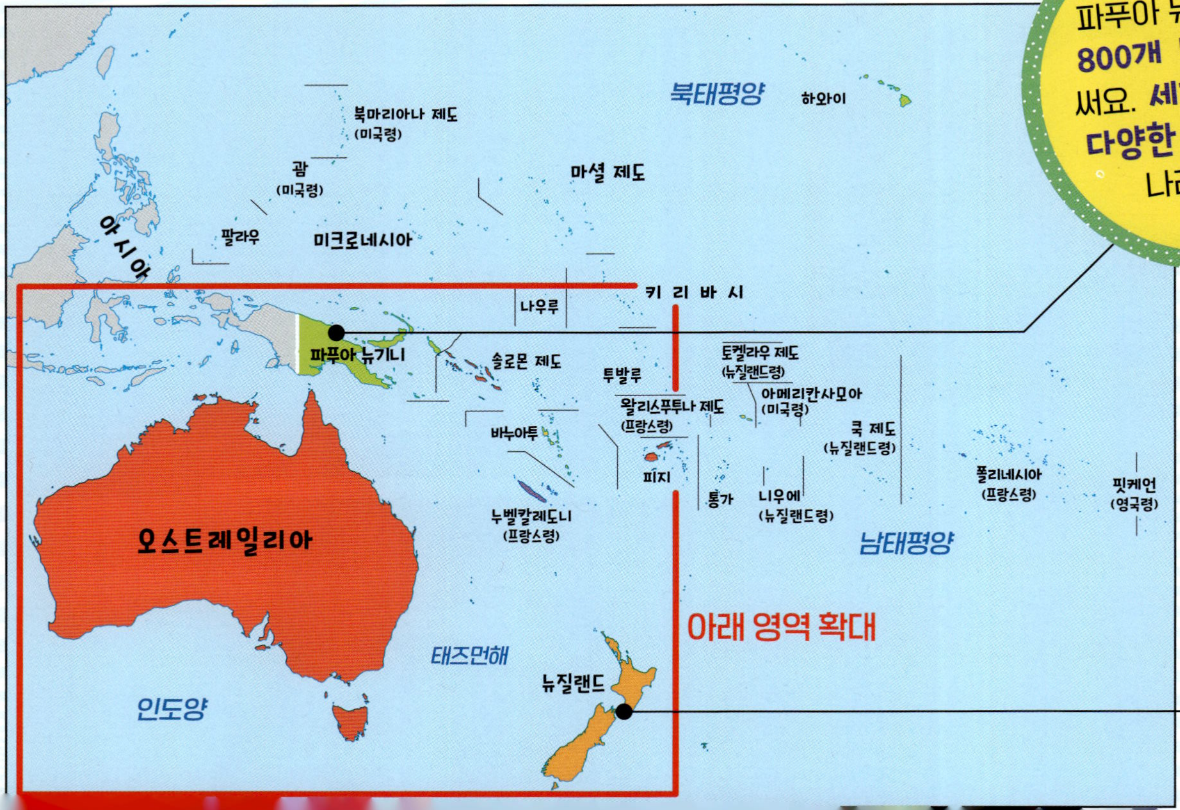

북태평양
하와이
북마리아나 제도
(미국령)
괌
(미국령)
마셜 제도
아시아
팔라우
미크로네시아
키리바시
나우루
파푸아 뉴기니
솔로몬 제도
투발루
토켈라우 제도
(뉴질랜드령)
아메리칸사모아
(미국령)
왈리스푸투나 제도
(프랑스령)
쿡 제도
(뉴질랜드령)
바누아투
피지
통가
니우에
(뉴질랜드령)
폴리네시아
(프랑스령)
핏케언
(영국령)
누벨칼레도니
(프랑스령)
오스트레일리아
남태평양
아래 영역 확대
태즈먼해
뉴질랜드
인도양

파푸아 뉴기니에서는 **800개 넘는 언어**를 써요. **세계에서 가장 다양한 언어**를 쓰는 나라랍니다.

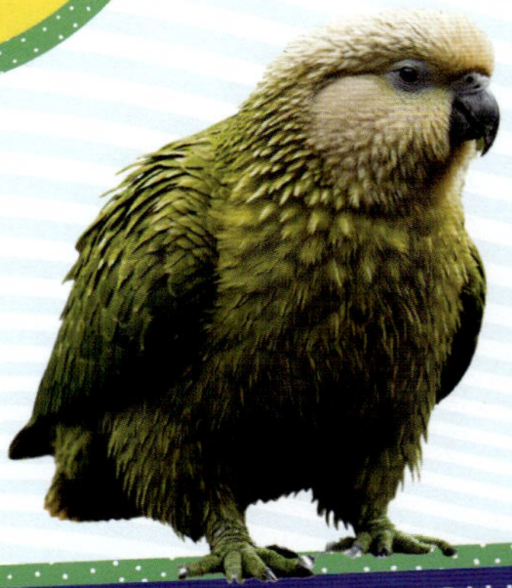

카카포는 세상에서 유일하게 **날지 못하는 앵무새**예요. 뉴질랜드에서만 살죠!

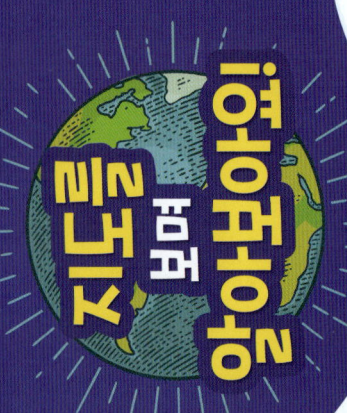

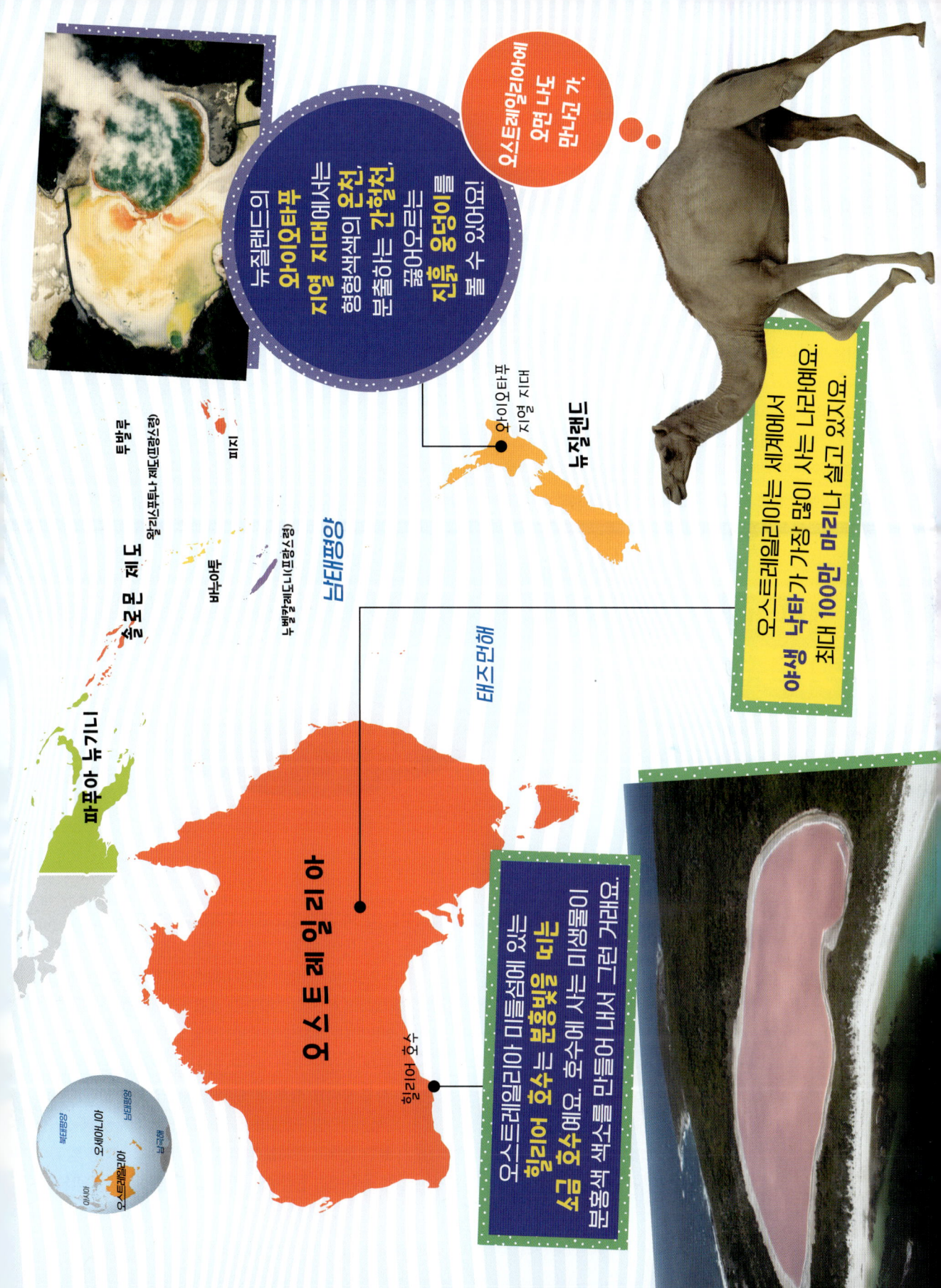

보석 같은 섬

화석화된 산호 숲
니우에

외딴섬 니우에에는 멋진 산호 지형과 초록색 나뭇잎이 가득한 들판이 있어요. 이곳은 식물과 나무의 뿌리가 뻗어 내린 땅이 아주 특별해요. 양치식물과 코코야자, 그 밖의 커다란 나무들이 흙 대신 수년에 걸쳐 화석화된 산호에 뿌리를 내리고 있거든요. 수면 위로 해발 60미터까지 우뚝 솟은 이곳은 아주 희귀한 지질학적 특성을 띠는 곳으로 꼽혀요.

니우에는 세계에서 **가장 큰 산호섬** 중 하나예요.

신들의 바다 정원
팔라우

팔라우는 약 340개의 섬으로 이루어진 나라예요. 사람이 살지 않는 섬도 많아 때묻지 않은 자연의 아름다움이 고스란히 남아 있답니다. 끝없이 펼쳐진 해변, 맑디맑은 바닷물과 형형색색의 산호초, 그리고 그 속을 누비는 열대어와 바다거북까지! 이 모든 것이 팔라우를 세계적인 관광지로 만들어 주었죠. 특히 이곳은 전 세계 다이버들의 천국이라고 불려요. 블루 코너, 저먼 채널, 블루홀 같은 세계적인 다이빙 포인트는 물론, 제2차 세계 대전 당시 침몰한 전투기 잔해를 탐험할 수도 있어요. 숨 한 번 크게 들이쉬고, 팔라우의 바닷속으로 풍덩 떠나 볼까요?

오세아니아

가리섬
오스트레일리아 퀸즐랜드주

세계에서 가장 큰 모래섬인 이곳은 한때 프레이저 아일랜드로 불렸지만, 이제 원주민의 언어로 된 본래 이름 '가리'를 되찾았어요. 이곳에서는 세계에서 유일하게 모래 위에 자란 울창한 열대 우림을 볼 수 있어요. 흰 모래알이 하나하나 다 보일 정도로 투명한 푸른빛의 맥켄지 호수도 눈부시게 아름답죠. 120킬로미터가 넘는 해변에서는 하얀 모래사장을 4륜 구동차로 달리는 색다른 체험을 할 수 있어요. 참, 이곳엔 오스트레일리아에서만 사는 야생 들개 '딩고'도 살고 있는데요. 야생성이 강해 사람을 공격할 수도 있으니 조심하세요!

파인애플 미로
미국 하와이주 와히아와

여긴 어디, 나는 누구?

4킬로미터에 이르는 미로의 재미에 푹 빠져 보세요. 이 초대형 미로는 약 12,000제곱미터에 걸쳐 펼쳐지는데, 약 14,000개의 토종 식물을 다듬어서 만들었어요. 1998년에 처음 탄생한 세계에서 가장 큰 식물 미로지요. 미로 안 8곳의 비밀 스테이션은 한가운데에 있는 파인애플 모양의 정원으로 향하는 길을 안내해 주어요. 입구의 표지판에는 미로를 가장 빨리 통과한 기록이 적혀 있는데요. 미로를 빨리 통과하려다가 파인애플 가시에 찔리지 않도록 조심하세요!

미로를 통과하려면 평균 1시간이 걸리지만 최고 기록은 단 7분이에요.

판타스틱 놀라운 세계 정보

오세아니아 에서만 사는

뉴질랜드에서만 발견되는 **후후딱정벌레 애벌레**는 먹으면 **땅콩버터 맛**이 난대요!

캥거루는 강력한 뒷다리로 약 **8미터** 거리를 **점프**해요. 그런데 절대 **뒤로는 못 뛰어요!**

오리너구리 수컷은 뒷발에 **독이 있는 발톱**이 있어요. 암컷을 차지하려고 다른 수컷과 경쟁할 때 써요.

키위는 뉴질랜드를 상징하는 새예요. 날개가 있지만 너무 작아서 **날 수 없지요.** 대신 밤에 몰래 걸어 다녀요.

독특한 동물들

가시두더지는 젖꼭지가 없어요! 대신 **피부**에서 새끼에게 먹일 젖이 스며 나와요.

태즈메이니아 데빌은 소름 끼치는 울음소리 때문에 데빌(Devil)이라는 이름이 붙었어요. 영어로 데빌은 **악마**라는 뜻이랍니다.

오리너구리와 가시두더지처럼 **알을 낳는 포유류인 단공류**는 **오세아니아**에서만 살아요.

웜뱃은 똥을 네모 모양으로 눠요. 생긴 게 꼭 **주사위** 같죠!

에뮤는 달리기도 잘하고 수영도 하는 새예요. 그런데 날지는 못해요.

쿼카는 늘 웃는 얼굴을 하고 있어서 **세상에서 가장 행복한 동물**이라는 별명이 생겼어요.

놀랍도록 특별한

오스트레일리아 한가운데에는 정말 어마어마한 바위가 하나 있어요. 이름은 울루루로, 높이가 무려 약 350미터에 둘레는 9.4킬로미터에 달해요. 겉으로 보이는 것보다 땅속에 묻힌 부분이 훨씬 더 크다고 하니, 지구에서 튀어나온 거대한 배꼽이라는 별명이 괜히 생긴 게 아니에요. 이 바위는 태양의 위치에 따라 주황색에서 분홍색, 암갈색까지 시시각각 색이 달라져요. 특히 해 뜰 무렵과 해 질 녘에 붉게 물드는 모습은 그야말로 장관이지요. 한동안 영어 이름 '에이즈 록'으로 불렸지만, 지금은 오스트레일리아 원주민들이 부르던 이름인 '울루루'로 불려요. 원주민들에게 이곳은 조상의 영혼이 깃들어 있는 아주 신성한 장소예요. 바위 주변의 동굴과 암벽에는 신화와 아주 오래전 조상의 이야기를 담은 벽화가 남아 있지요. 그냥 바위가 아니라 시간과 역사가 켜켜이 쌓인 살아 있는 유산이에요.

울루루

오스트레일리아 노던 준주

돌멩이랑 비교하지 말아 줄래?

울루루는 **하나의 바위**로는 **지구에서 가장 커요!**

색다른 시간 여행 나들이

스팀펑크 HQ
뉴질랜드 오아마루

스팀펑크만의 색다른 세계에 발을 들여 보세요. 스팀펑크란 1800년대 중후반에 나온 문학 예술 스타일이에요. 미래 사회가 증기 기관 시대의 기술로 움직인다면 어떤 모습일지 상상한 일종의 공상 과학 소설도 여기에 속하지요. 1800년대에 활기를 띠었던 작은 해안 도시 오아마루는 빅토리아 시대의 건축물이 곳곳에 남아 있어요. 그래서 오래된 창고에 자리한 전시장인 스팀펑크 HQ와 잘 어울려요. 건물에는 구리관으로 만든 차량, 악기, 기묘한 기계들과 상상을 초월하는 큰 기구들로 가득해요.

쥬라기 공원
미국 하와이주 쿠알로아 랜치

이 웅장한 계곡에서 200편이 넘는 영화와 TV 드라마를 촬영했어요.

안전벨트를 매고 여기저기 으르렁 소리가 들리는 열대 우림을 건너 볼까요? 이 열대 우림은 쥬라기 계곡으로 불리는 하키푸우 계곡과 카아아와 계곡에 있어요. 경관이 웅장하고 멋져서 「쥬라기 월드」를 비롯한 여러 영화와 드라마 시리즈를 촬영했어요. 그래서 영화 촬영에 쓴 실제 벙커와 공룡 우리를 볼 수 있는 공룡 '인도미누스 렉스'의 방사장을 구경할 수도 있어요. 천장과 창문이 없는 탐험 차량으로 공원을 둘러볼 수 있는데요. 이것만으로 아쉽다면 전기 자전거나 말을 타고 나가 계곡을 구경할 수 있고, 나무 꼭대기에서 집라인을 탈 수도 있어요!

숫자로 알아볼까요?

코알라

코알라는 오스트레일리아를 대표하는 유대류 동물이에요. 주로 유칼립투스 숲에서 살며, 깨어 있는 시간 내내 유칼립투스 잎을 열심히 먹지요. 매일 같은 것만 먹는데도 질리지 않는 게 신기해요. 코알라는 무엇보다 잠꾸러기로 유명해요. 하루에 20시간 가까이 잔다니까요! 깨어 있는 시간보다 자는 시간이 훨씬 길지요. 그래서 나무 위에서 꾸벅꾸벅 졸고 있는 모습을 쉽게 볼 수 있어요.

몸무게: 4~15킬로그램

수명: 15~20년

잠자는 시간: 하루 최대 20시간

하루에 먹는 유칼립투스 잎의 양: 최대 1킬로그램

새끼는 태어난 뒤 어미의 주머니에서 6~7개월 동안 지내요. 그 후에는 여섯 달 동안 어미 등에 업혀 살지요.

세상에 하나뿐인 멋진 건물

팔레
사모아

보통 집이라고 하면 네모난 벽이 있고, 창문과 문이 있어야 할 것 같지요? 그런데 사모아 사람들의 전통 집, 팔레에는 벽이 없어요. 둥근 기둥을 세우고 지붕만 얹어 놓은 모양인데, 꼭 우리나라 오두막 같지요. 집에 벽이 없으니 바닷바람이 집 안으로 솔솔 불어와 더운 낮에도 시원해요. 파도 소리와 새소리도 그대로 들을 수 있답니다. 집 안과 밖이 구분되지 않다 보니 이웃끼리 언제든 오가며 지내요. 온 마을 사람들이 모여 이야기를 나누거나, 같이 텔레비전도 보지요. 집이 개인적인 공간을 넘어 모두가 함께하는 공동체 공간인 셈이에요.

비하이브
뉴질랜드 웰링턴

뉴질랜드 수도 웰링턴에는 멀리서 봐도 눈에 띄는 건물이 있어요. 이름은 비하이브(The Beehive)인데 벌집을 닮았다고 해서 붙여진 이름이지요. 둥글둥글 쌓아 올린 층이 정말 벌집처럼 보여요. 1980년대에 세워진 이 건물은 뉴질랜드 국회 의사당의 집무동이에요. 이곳에서 정치인들이 모여 앉아 나라의 중요한 일을 의논하고, 법을 만들며, 여러 가지 결정을 내리지요. 겉모습은 재미있지만, 안에서는 늘 진지한 일이 이루어지는 거예요. 비하이브는 뉴질랜드를 대표하는 건축물로, 뉴질랜드 돈인 20달러 지폐에도 그려져 있어요. 웰링턴을 찾는 관광객이라면 꼭 방문하는 명소랍니다.

타가 하우스
북마리아나 제도 티니언섬

몇 백 년 된 이 바위들은 어떻게 섬으로 옮겨졌을까요? 수수께끼는 계속해서 사람들의 마음을 사로잡고 있어요. 이 바위들은 집을 받치는 기둥이었어요. 고대 사람들은 이 기둥 위에 나무나 짚으로 집을 지어 올렸지요. 땅에서 높은 곳에 집을 지으면 쥐나 홍수로부터 안전했을 테니까요. 지금 기둥들은 모두 쓰러지고 하나만 남았지만, 한때는 약 4.5미터 높이로 우뚝 서 있었고, 위에 반구 형태의 돌이 얹혀 있었어요. 전설에 따르면, 타가 족장이 로타섬에서 온 사랑하는 여인을 위해 근처에서 이 바위들을 직접 캐와서 집을 지었다고 전해져요. 또 다른 신화에 따르면, 키가 3미터 되는 거인인 타가가 맨손으로 돌기둥을 옮겨 놓았다고도 해요.

이 독특한 형태의 고대 석조 건축물은 오직 티니언섬에서만 발견돼요.

스핑크스 호텔
오스트레일리아 질롱

이곳은 이집트가 아니에요! 겉모습은 이렇지만, 이 스핑크스 모양의 호텔은 분명 오스트레일리아 땅에 있어요. 이 4성급 호텔은 이집트를 테마로 꾸며진 복합 시설 중 하나예요. 약 15미터 높이의 스핑크스 조형물과 피라미드, 파라오 석상까지 갖추고 있지요. 이곳은 한때 '골프뷰 호텔'이라는 평범한 건물이었어요. 1998년, 뜻밖에 파격적인 단장을 하면서 지금은 '질롱 한복판에서 맛보는 이집트'라며 광고하고 있어요.

여행을 부르는 곳

시드니 오페라 하우스
오스트레일리아 시드니

오스트레일리아 하면 가장 먼저 떠오르는 건물이 있어요. 바로 시드니 오페라 하우스예요. 지붕 모양이 마치 바람을 받아 항해하는 하얀 배의 돛 같아서 멀리서 봐도 단번에 알아볼 수 있지요. 시드니 항구에 자리 잡고 있어 푸른 바다와 함께 어우러진 풍경이 정말 멋지답니다. 세계에서 가장 아름다운 건축물 중 하나로 꼽히기도 해요. 사실 이곳은 음악과 공연이 가득한 공연장이에요. 건물 안에 있는 거대한 콘서트홀과 오페라 극장을 비롯해 여러 공연장에서 매일같이 다양한 음악회와 공연이 열려요. 우리나라 가수인 이승철과 김범수도 시드니 오페라 하우스의 무대에 오른 적이 있어요.

야수르 화산
바누아투 탄나섬

바누아투의 탄나섬에는 언제나 불길이 타오르는 무시무시한 산이 있어요. 이름은 야수르 화산이에요. 이 산은 세상에서 가장 가까이에서 볼 수 있는 활화산으로 유명해요. 무려 10분마다 한 번씩 용암을 분출한답니다! 분화구 가까이 다가가면 시뻘건 용암이 펑펑 솟아오르고, '쾅!' 하는 굉음과 함께 하늘로 불덩이가 튀어 올라요. 밤에는 불꽃놀이처럼 하늘을 붉게 물들이기도 하지요. 바누아투 사람들은 이 화산을 오랫동안 신성한 장소로 여겨 왔어요. 번개처럼 터지는 불길과 굉음을 땅속 신의 목소리라고 믿었기 때문이에요. 지금은 많은 관광객이 이곳을 찾아와 신의 목소리가 아닌 용암이 솟구치는 모습을 직접 구경하고 가요.

오세아니아

해파리 호수
팔라우 에일말크섬

팔라우의 에일말크섬에는 마치 꿈속 세계 같은 호수가 있어요. 바로 수백만 마리 해파리가 사는 해파리 호수랍니다. 맑고 잔잔한 물결 속에서 해파리들이 햇빛을 따라 움직이는 모습은 정말 장관이에요. 호수에 사는 해파리는 황금해파리와 달해파리, 두 종류예요. 이 중 황금해파리의 수가 압도적으로 많지요. 해파리는 원래 바다에서 사는 생물 아니냐고요? 맞아요! 이 호수는 오랫동안 바다와 이어져 있다가 지각 변동으로 바다와 갈라지면서 지금처럼 해파리만 가득한 호수가 되었어요. 이 해파리들은 적과 싸울 필요가 없어 독을 거의 쓰지 않게 되었고, 사람들은 호수 속을 안전하게 헤엄칠 수 있죠. 방문객들은 주로 얕은 물에서 해파리와 함께 수영하는 체험을 할 수 있어요.

기막히게 귀여워! 메리강거북

파릇파릇한 초록빛 머리카락을 보니 금방이라도 펑크 록 밴드 공연에 나갈 것 같아요. 하지만 저건 머리카락이 아니라 조류예요! 이 희귀한 민물거북은 대부분의 시간을 물속에서 잠수한 채 보내요. 그래서 조류들이 몸에 달라붙어 자랄 수 있지요. 모히칸 스타일의 머리는 메리강거북이 강에 사는 포식자로부터 몸을 숨기도록 도와줘요. 이 거북은 '호흡하는 거북'으로도 불려요. 생식 기관에 있는 특수한 샘으로 물속에서도 산소를 흡수할 수 있기 때문이에요. 한 번 잠수하면 72시간까지 물속에서 머물 수 있지요. 오스트레일리아 퀸즐랜드주의 메리강에서만 사는데, 놀랍게도 100년을 산다고 해요.

내 성격을 알아보는 QUIZ

오스트레일리아에는 **이곳에서만 만날 수 있는** 특별한 동물이 살고 있어요. 그중에서 여러분과 가장 잘 어울리는 동물은 무엇일까요?

1. 푸른 바다에 가면 뭐 하고 싶어?
a. 친구나 가족이랑 같이 수영해야지!
b. 스노클링이나 다이빙에 도전할 거야!
c. 파도 소리를 들으며 해변에서 쉬어.

2. 새 친구를 사귈 때 나는?
a. 먼저 다가가서 금세 친해져.
b. 어떤 사람인지 궁금해서 이것저것 물어봐.
c. 일단 지켜보다가 천천히 다가가.

3. 주말에 놀 시간이 생겼어! 뭐 할래?
a. 친구들이랑 모여 놀 거야! 북적북적해야 신나지.
b. 안 가 봤던 새로운 곳에 갈래.
c. 집에서 좋아하는 책이나 영화를 보고 싶어.

4. 처음 가 본 곳에서 나는?
a. 어울릴 수 있는 사람들을 먼저 찾아.
b. 이곳저곳을 돌아다니면서 구경해.
c. 앉을 자리가 있는지 둘러봐.

5. 놀이공원에서 제일 먼저 타고 싶은 것은?
a. 같이 놀 수 있는 범퍼카!
b. 제일 무서운 롤러코스터
c. 사람 적은 관람차나 회전목마

점심 먹고 뭐 할 거야?
a. 운동장에서 축구할 거야!
b. 학교를 돌아다니면서 재밌는 걸 찾아볼까?
c. 그늘이나 교실에 앉아서 소화시켜야지.

 맛있는 간식이 앞에 있어. 어떻게 할래?
a. 친구들이랑 같이 나눠 먹어야지!
b. 맛이 궁금하니까 일단 바로 먹어 볼래!
c. 내가 좋아하는 간식이 아니면 별로.

 시끄러운 것과 조용한 것 중에 고르자면?
a. 그래도 시끄러운 게 낫지!
b. 둘 다 괜찮아.
c. 조용한 곳이 좋아.

a가 가장 많다면
캥거루
다른 사람들과 어울리는 걸 좋아하고, 새로운 환경에도 금세 적응해요. 여럿이 함께 모여 사는 캥거루와 닮았네요. 튼튼한 뒷다리로 멀리 점프하는 캥거루처럼 에너지가 넘치는 모습이에요!

b가 가장 많다면
태즈메이니아 데빌
호기심이 많고, 새로운 모험을 즐기는 성격이 강렬하고 독특한 태즈메이니아 데빌을 닮았어요. 작지만 힘이 세고, 으르렁 큰 소리로 자기 존재를 알리는 태즈메이니아 데빌처럼 남들에게 강한 인상을 주기도 해요.

c가 가장 많다면
코알라
느긋하고 차분한 성격이 코알라와 닮았어요. 나무 위에서 편안하게 쉬는 코알라처럼 내가 가장 좋아하는 곳에서 여유로운 시간을 보내 보세요. 코알라가 유칼립투스 잎을 즐기듯 좋아하는 간식이 함께라면 더 즐겁겠지요?

꼬마홍학은 **1만 마리** 넘게 무리 지어 살아요.

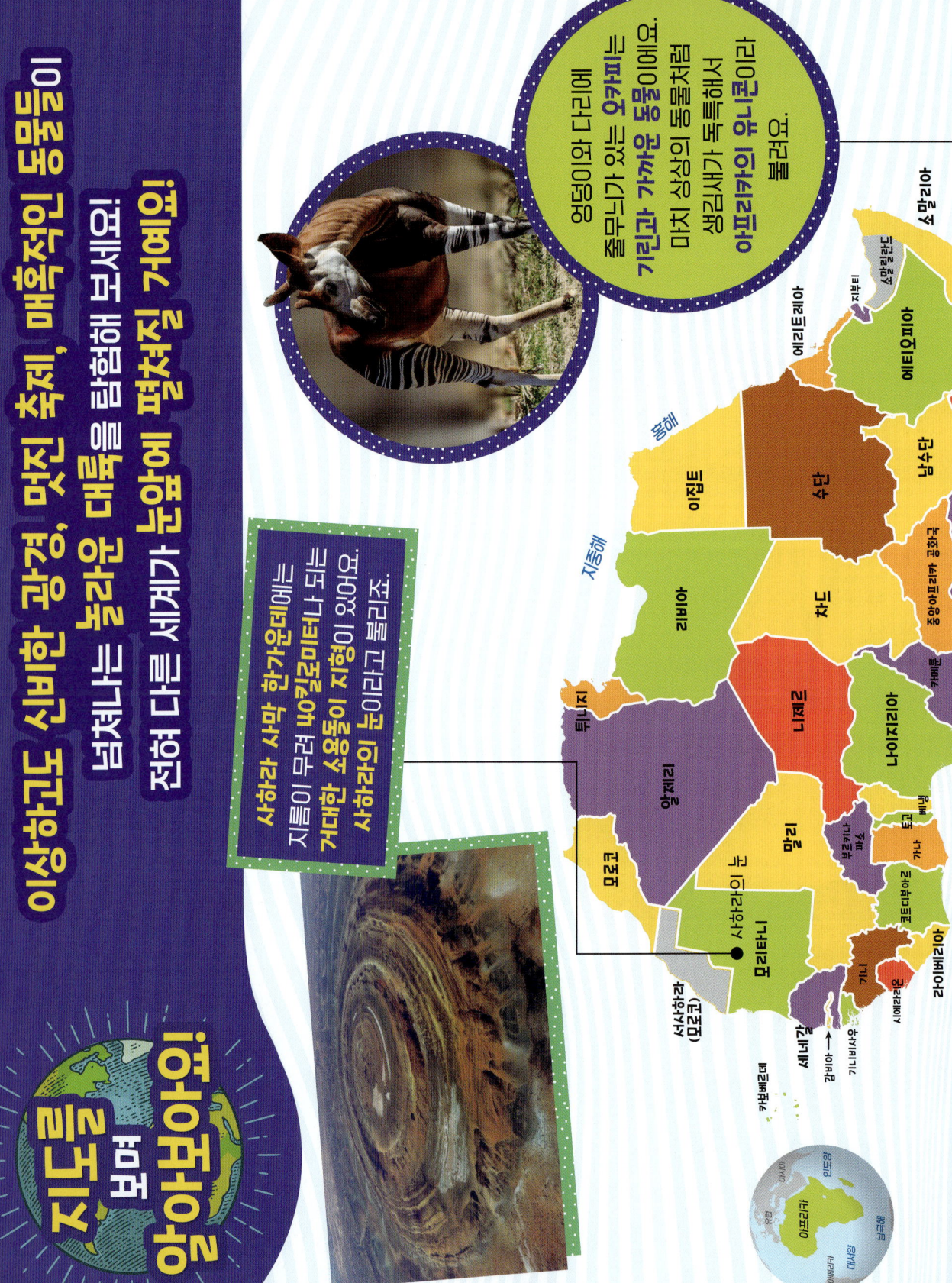

지도를 보며 알아보아요!

이상하고도 신비한 광경, 멋진 축제, 매혹적인 동물들이 넘쳐나는 놀라운 대륙을 탐험해 보세요! 전혀 다른 세계가 눈앞에 펼쳐질 거예요!

엉덩이와 다리에 줄무늬가 있는 오카피는 기린과 가까운 동물이에요. 마치 상상의 동물처럼 생김새가 독특해서 아프리카의 유니콘이라 불러요.

사하라 사막 한가운데에는 지름이 무려 40킬로미터나 되는 거대한 소용돌이 지형이 있어요. 사하라의 눈이라고 불러죠.

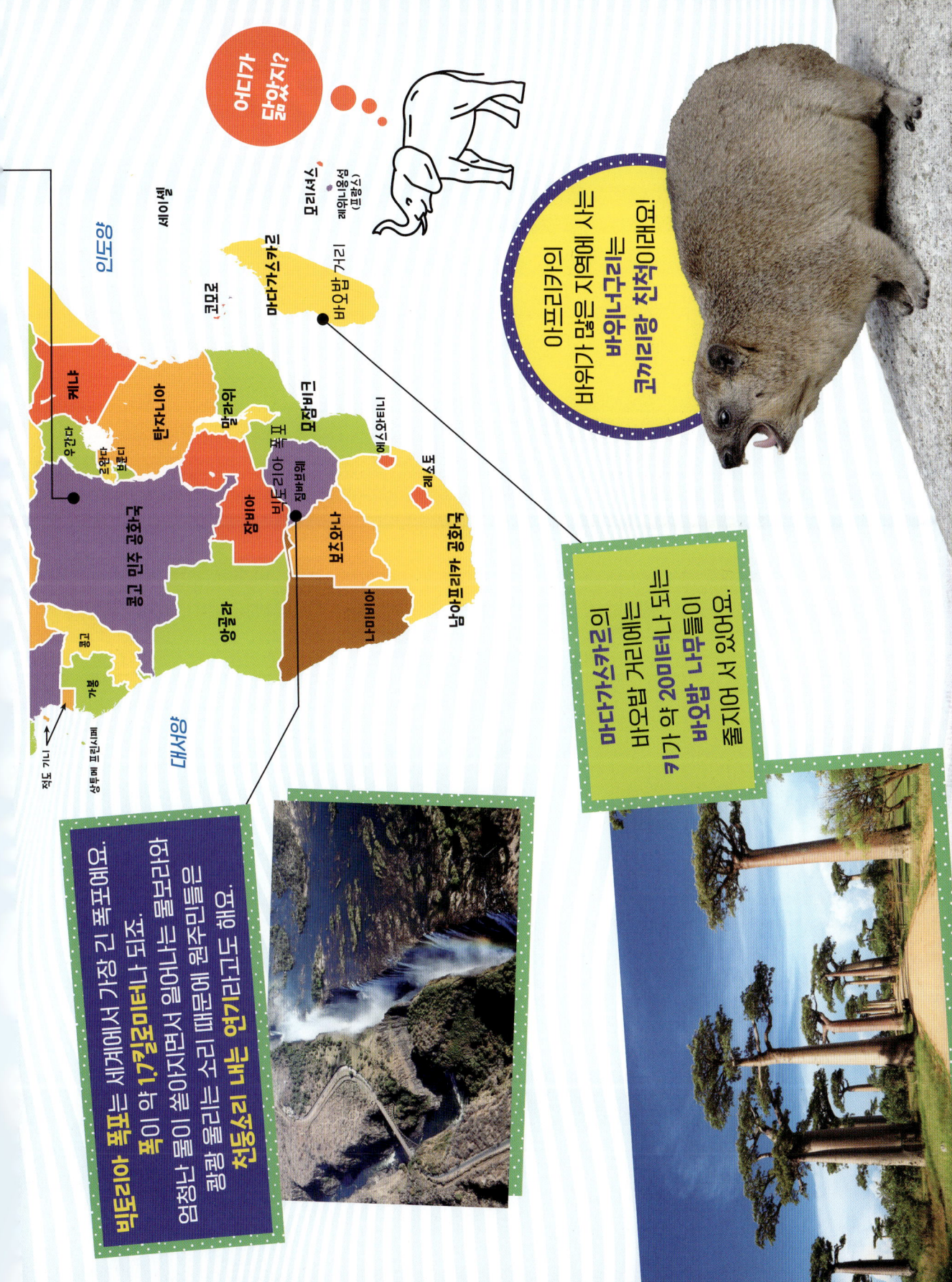

초원에서 살아남기

검은비개구리

오늘 무슨 나쁜 일이 있어 보인다고요? 검은비개구리는 원래 찡그린 얼굴이에요. 그러니 남아프리카 태생의 이 개구리가 '화난 아보카도'라고 불리는 것도 당연해요. 대개는 야행성이고, 낮에는 굴속에 들어가 있어요. 점프도 수영도 못해서 짧은 다리로 주위를 기어다니지요. 검은비개구리에게는 다양한 방어 수단이 있어요. 몸을 원래보다 몇 배 더 크게 부풀려서 포식자들에게 겁을 주거나, 보금자리인 땅굴로 쏙 들어가 버리는 거예요. 포식자들이 굴속에서 다시 끌어내려면 진땀깨나 뺄 거예요.

게레누크

목이 길어 슬픈 사슴이 있다면 게레누크는 통곡해야 할 거예요. 게레누크는 소말리아어로 '기린의 목'이라는 뜻이에요. 정말 신기하게도 기린처럼 가젤 중에 목이 가장 길어요. 뒷다리를 딛고 일어서면 키가 거의 2미터여서 아주 높은 가지에 달린 잎을 먹을 수 있어요. 게레누크는 필요한 수분을 대부분 먹이에서 얻어요. 그래서 물을 마시지 않고도 몇 달, 심지어 몇 년을 살 수 있지요. 부끄러움이 많아서 눈에 띄지 않으려고 그늘 속에 가만히 서 있어요. 포식자가 다가오면, 빠른 걸음으로 피하거나 껑충껑충 달아나고요. 뻣뻣한 다리로 뛰는 모습이 특이하답니다.

남부땅코뿔새

검은 깃털에 붉은 얼굴과 목덜미 때문에 멀리서도 단번에 눈에 띄는 이 새는 바로 세계에서 가장 큰 코뿔새, 남부땅코뿔새예요. 아프리카 남부의 산과 사바나에서 살죠. 몸길이는 최대 120센티미터로 6살 아이만큼 커요. 대신 몸무게는 2~6킬로그램으로 가벼운 편이에요. 눈꺼풀에는 사바나의 먼지를 막아 주는 긴 속눈썹이 있어요. 새의 무리가 내는 독특한 울음소리는 무려 3킬로미터 밖에서도 들린대요.

136 아프리카

아프리카가시거북

아프리카에서 가장 큰 육지 거북의 튼튼한 다리는 걷는 데만 쓰이지 않아요. 앞다리에 가시처럼 튀어나온 돌기가 있는데, 수컷끼리 경쟁할 때 무기처럼 써요. 또 뜨거운 낮에 앞다리로 땅을 파서 굴을 만들고, 그 안에서 더위를 피하지요. 알을 낳을 때는 암컷이 굴을 파고, 15~30개의 알을 낳아요. 알이 잘 부화할지는 주변의 온도와 습도에 따라 달라져요. 거북이에게도 환경은 아주 중요한 문제랍니다.

큰귀여우

이 여우는 정말 귀가 커요. 길이가 약 13센티미터나 돼요. 몸길이가 평균 55센티미터인 데 비하면 귀가 꽤 크지요. 이 귀로 체온을 조절하고, 땅속에서 먹이가 움직이는 소리를 귀 기울여 듣는답니다. 더운 낮에는 굴을 파고 그 안에서 쉬어요. 이 굴은 더위를 피하는 쉼터이자, 새끼를 키우는 보금자리이기도 해요. 보통은 한 쌍의 수컷과 암컷, 그리고 둘의 새끼들이 굴에서 함께 살아요. 흥미로운 건 수컷도 육아에 적극적으로 참여한다는 점이에요. 수컷은 둥지를 지키고, 암컷이 새끼에게 젖을 먹이고 나면 새끼를 돌보는 일을 맡아요.

코끼리땃쥐

이 조그마한 몸집에 '코끼리'를 붙인 건 기다란 주둥이 때문이에요. 놀랍도록 유연한 주둥이로 나뭇잎이나 흙을 이리저리 치우며 곤충이나 지렁이 같은 먹이를 찾지요. 그런데 새로운 사실이 발견되었어요. 코끼리땃쥐는 사실 땃쥐가 아니었어요. 이 포유동물은 땅돼지와 코끼리에 더 가까워요! 아프리카 사파리 동물 중 가장 큰 동물 5위 안에 드는 코끼리와 가장 작은 동물 5위 안에 드는 코끼리땃쥐가 비슷하다는 거예요! 개미귀신, 장수풍뎅이, 버팔로베짜는새, 레오파드육지거북보다 코끼리에 더 가까운 게 땃쥐라니 신기해요.

기록을 향한 도전

가장 큰 커피 가루 초상화
남아프리카 공화국 샌턴

예술 작품은 다양한 재료로 만들어져요. 페인트, 나무, 돌, 그리고 커피로도요! 예술가 퍼시 마이멜라가 2019년에 그린 초상화의 재료가 바로 커피 가루였어요. 브레인팜이라는 회사가 남아프리카 공화국의 라디오 진행자 '블랙커피'의 초상화를 진짜 블랙커피로 그려 달라고 했거든요! 신이 난 마이멜라는 아예 세계 기록을 세울 만큼 커다란 작품을 만들고 싶었어요. 흰색 비닐 캔버스에 사진과도 같은 초상화를 완성하는 데는 4시간밖에 안 걸렸어요. 킹사이즈 침대 6개를 이어 붙인 것보다 더 큰 초상화는 커피 가루로 그린, 세상에서 가장 큰 그림이에요. 마이멜라는 평소엔 커피 가루로 작품을 만들지 않아요. 소금으로 그려요!

가장 큰 에메랄드 원석
잠비아 카젬 광산

이렇게 근사한 걸 찾았다는 소식을 들으면 원석 수집가들이 들썩일 거예요! 2021년, 7525캐럿의 거대한 에메랄드가 잠비아에서 발견되었어요. 이 원석에는 '치펨벨레'라는 이름을 붙였어요. 잠비아 벰바 지역의 언어로 코뿔소를 뜻하는 말이에요. 마치 코뿔소의 뿔처럼 보일 만큼 컸거든요. 캐럿은 보석 무게를 잴 때 쓰는 단위로, 1캐럿은 200밀리그램과 같아요. 에메랄드 반지가 보통 2캐럿쯤 되니까, 치펨벨레는 보통 반지보다 3762배나 더 무거운 거예요! 치펨벨레는 같은 광산에서 나온 6225캐럿의 에메랄드인 '인소푸(코끼리라는 뜻)'를 누르고 기네스 세계 기록에 등재된 세계에서 가장 커다란 에메랄드 원석 1위를 차지했어요. 원석은 경매로 팔렸고, 수익금 일부는 코뿔소를 보호하는 기금으로 전달되었어요.

챔피언의 고향
케냐 이텐

아프리카에는 수많은 메달을 따고 세계 신기록을 세운 육상 선수들로 유명해요. 케냐 이텐은 그 위대한 선수들의 고향으로 불리는 곳이에요. 세계적인 중장거리 육상 선수들이 이곳에서 자라거나 훈련을 해 왔거든요. 이곳은 해발 약 2400미터의 고지대로 산소가 적어서 지구력을 기르기에 최적의 환경이에요. 날씨도 일 년 내내 선선해서 훈련하기에 알맞지요. 실제로 이 지역의 고등학교에서는 올림픽 2연패에 빛나는 데이비드 루디샤 외에 수많은 올림픽 메달리스트가 나왔어요. 지금도 많은 케냐 육상 국가대표 선수들이 이곳에서 훈련하고 있고, 유럽, 미국, 일본 등의 마라톤 선수들도 매년 이곳을 찾아 실력을 쌓는답니다.

최고 고도의 축구 경기
탄자니아 킬리만자로산

축구 팬들은 좋아하는 팀을 응원하려고 아주 먼 곳까지 따라가기도 해요. 하지만 높은 산까지 따라 오르는 팬들은 얼마나 있을까요? 2017년, 세계 각국의 유명한 여자 축구 선수들이 축구 경기를 하러 킬리만자로산으로 향했어요. 산맥을 제외한 산으로는 세계에서 가장 높은 산이에요. 이들은 스텔라 포인트까지 6일간 등반한 뒤 약 5756미터 높이에 있는 화산 분화구로 내려와 경기를 벌였어요. 참여한 선수로는 101골 기록을 보유한 남아프리카 공화국의 포르티아 모디세, 2012년 올림픽에서 금메달을 딴 미국의 미드필더 로리 린지 등이 있어요. 이 경기는 스포츠 분야에서 남자에 비해 여자가 더 낮은 보수를 받는 것을 알리고자 이퀄 플레잉 필드 재단이 준비했어요. 세계에서 가장 높은 축구 경기장보다 1376미터 더 높은 곳에서 자연을 경기장 삼아 벌어진, 가장 높은 고도에서 펼친 축구 경기였어요.

이퀄 플레잉 필드 재단은 사해에서도 경기를 열어 가장 낮은 고도에서 펼친 축구 경기 기록도 갖고 있어요.

숫자로 알아볼까요?

세렝게티 국립 공원

세렝게티는 원주민의 말로 '끝없는 초원'이라는 뜻이에요. 끝이 안 보일 정도로 광활한 평야에 수많은 동물들이 살고 있는 곳이죠. 이곳은 1951년에 지정된 탄자니아 최초의 국립 공원으로, 북쪽으로는 케냐의 마사이마라 국립 공원과 맞닿아 있어요. 동물들은 국경 따위 신경 쓰지 않고 자유롭게 드나들어요. 세렝게티에는 초원뿐 아니라 강, 숲, 산, 바위 언덕까지 다양한 지형이 펼쳐져 있어요. 그래서 사는 동물도 각양각색이죠. 그중에서도 사자가 유독 많다고 하니, 풀숲을 들여다볼 때는 살짝 조심해야겠네요. 세렝게티 하면 빠질 수 없는 장면이 있어요. 바로 동물들의 대이동이에요. 수많은 누, 얼룩말, 가젤들이 비를 따라, 풀이 자라는 곳을 따라 세렝게티와 마사이마라 국립 공원 사이를 오간답니다.

면적:
약 **1만 4763** 제곱킬로미터

동물 종 수:
500여 종의 조류
70여 종의 대형 포유류
누, 가젤, 얼룩말, 버팔로, 사자 등을 대형 포유류라고 해요.

대이동하는 동물의 수:

약 **100**만 마리 이상의 누

약 **20**만 마리 이상의 얼룩말

대이동 거리:

800킬로미터 이상

사자의 수:

약 **3000~4000**마리

놀랍도록 특별한

이 웅장한 협곡은 세계에서 두 번째로 크고, 아프리카에서는 가장 커요! 총 길이는 약 160킬로미터, 너비는 최대 27킬로미터, 깊이는 무려 550미터에 달하지요. 건조하고 바위가 많은 고원 지대를 따라 흐르는 피시강이 아주 오랜 시간에 걸쳐 돌을 조금씩 깎아 내며 만들어졌어요. 지금은 강이 대부분이 말라 있고, 곳곳에 깊고 좁은 웅덩이만 남아 있지만, 늦여름이 되면 물이 많아져요. 이 협곡에는 약 85킬로미터의 하이킹 코스도 마련되어 있는데, 5월부터 9월 사이 날씨가 선선할 때 운영돼요. 약 5일 동안 협곡 바닥을 따라 걷는 일정이라 체력이 꽤 필요하죠. 대신 경치는 보장된답니다! 걷는 게 부담스럽다면 전망대에서 웅장한 풍경을 한눈에 감상할 수도 있고, 근처 온천에 가서 피로를 풀 수도 있어요. 경치 감상과 족욕, 꽤 괜찮은 조합이죠?

바위 절벽

나미비아 피시 리버 캐니언

**해가 서서히 내려앉으면서
바위 색이 계속 달라지고
빛과 그림자가 어울려 잊지 못할 풍경이 펼쳐져요.**

위험해서 더 특별한 곳들

악마의 수영장
잠비아 리빙스턴섬

수천 년 동안 이어진 침식 작용으로 형성된 이 천연 수영장은 세계에서 가장 긴 폭포인 빅토리아 폭포의 가장자리에 자리하고 있어요. 무려 100미터 높이의 낭떠러지 바로 위에서 수영을 하며 폭포와 주변 경치를 한눈에 볼 수 있지요. 절벽 아래로 떨어지면 어떡하냐고요? 절벽 끝의 바위 턱이 안전 장벽이 되어서 물이 넘쳐흐르더라도 사람이 폭포 아래로 떨어지지 않게 해 줘요. 다만 비가 적은 9월에서 12월 사이에 반드시 가이드가 이끄는 투어에 참여해야 들어갈 수 있어요.

에르타 알레
에티오피아 다나킬 사막

'지옥의 산'이라고 불리는 이 산은 아프리카에서 가장 활발하게 분화하는 화산 중 하나예요. 해발 613미터로 높이는 낮지만, 정상에 있는 거대한 분화구 안에서는 세계에서 가장 오랫동안 끓어오르는 용암 호수를 볼 수 있지요. 이곳은 낮에 섭씨 50도가 넘는 무더위가 계속되기 때문에 밤에 등반을 해요. 용암 호수에 도착하면 불덩이가 내는 빛과 밤하늘이 어우러진 잊을 수 없는 장면을 만날 수 있어요. 다만 뜨거운 열기와 화산 가스 때문에 반드시 가이드와 보안 요원의 안내를 따라야 해요.

운전 실력 좀 볼까?

사니 패스
남아프리카 공화국, 레소토 국경

드라켄즈버그산맥을 가로지르는 이 길은 아프리카에서 가장 위험한 산악 도로로 꼽혀요. 길이는 불과 9킬로미터 남짓이지만, 해발 2876미터 정상까지 경사가 매우 가파르고 굽이진 커브가 수십 번 이어지지요. 비가 오거나 눈이 내리면 길은 금세 진흙탕이나 빙판이 되어, 숙련된 운전자라도 긴장을 늦출 수 없어요. 사니 패스를 오를 수 있는 차량은 사륜구동차뿐이에요. 정상에 도착하면 드라마틱하게 펼쳐진 고산 풍경이 여행자를 맞이해요. 게다가 정상에는 '아프리카에서 가장 높은 곳의 펍'이 있어요. 여기서 맥주나 음료를 마시는 것은 위험한 길을 버텨 낸 사람만이 누릴 수 있는 보상이지요.

올도이뇨 렝가이 화산
탄자니아 응고롱고로

화산은 대부분 붉은 용암을 뿜어내지만, 올도이뇨 렝가이 화산의 용암은 회색과 검은색이에요! 이 화산은 지구상에서 유일하게 탄산염 용암이라는 특이한 물질을 만들어요. 마그마는 대부분 규소와 산소의 결합으로 이루어져서 끈적거려요. 하지만 올도이뇨 렝가이의 마그마는 성질이 달라서 줄줄 흐르지요. 탄산염 용암에는 칼슘, 나트륨, 이산화 탄소가 풍부해요. 이들이 결합하면 녹는점이 낮아져서 보통의 화산이 분출하는 온도의 절반 온도에서도 용암이 흘러나와요. 낮은 온도와 독특한 성분으로 인해 용암은 회색빛을 띠는데, 단단히 굳으면 흰색으로 변해요. 가끔 급격한 온도 변화 때문에 굳은 용암이 산산이 부서져 화산이 눈을 뿌리는 것처럼 보이기도 해요.

100여 만 마리의 야생 동물들이 해마다 화산으로 이주하고 있어요. **영양분이 가득한 화산재** 덕분에 **동물들의 먹이**가 풍부하거든요!

놀랍도록 특별한 홍학의 둥지

나트론 호수는 꼬마홍학에게 완벽한 서식지예요.

탄자니아 나트론 호수

지구에 사는 꼬마홍학의 약 75퍼센트가 나트론 호수에 둥지를 틀어요.

8월부터 10월까지 150~200만 마리가 몰려와 호수를 분홍빛으로 뒤덮지요. 나트론 호수는 염도가 높고 강한 염기성을 띠어서 다른 동물들은 대부분 견디지 못해요. 게다가 물의 온도가 섭씨 40도 이상으로 오르기도 해서 동물들에게 거의 금지 구역이라고 할 수 있죠. 하지만 꼬마홍학의 다리는 염기성을 견딜 수 있어서 나트론 호수에 발을 담가도 끄떡없어요. 녀석들은 호숫물이 말라 생긴 소금 평원 위에 소금 퇴적물을 쌓아 작은 화산 모양의 둥지를 만들고, 그 위에 알을 낳아요. 호수의 극한 환경이 다른 동물들을 막아 주어서 둥지와 알은 자연스레 보호받는답니다.

숫자로 알아볼까요?

다나킬 사막

세계에서 가장 뜨거운 곳 중 하나예요. 해수면보다 낮은 지대에 위치해 있고, 지열 활동이 활발해 여러 활화산과 유황 온천이 자리하고 있지요. 주변에는 넓은 소금 평원과 소금 호수가 펼쳐져 있어요. 수천 년 전부터 유목민들은 이곳에서 소금을 캐어 낙타에 싣고 이동하며 생활을 이어 왔답니다.

다나킬 사막은 에티오피아, 에리트레아, 지부티 **3개 나라**에 걸쳐 있는 광활한 사막이에요.

면적은 약 **13만** 제곱킬로미터예요. 우리나라 전체 면적보다 커요!

1년 평균 낮 기온은 약 섭씨 **35도**예요. 여름에는 49도까지 올라가요.

1년 동안 내리는 비의 양이 **25밀리미터** 이하로 매우 건조해요.

사막 한가운데에는 **넓은 소금 평원**이 있어요. 사람들은 오래전부터 이곳에서 소금을 캐며 살아왔어요.

판타스틱 놀라운 세계 정보

피라미드에 관한

세계에서 가장 큰 피라미드는 이집트 기자에 있는 **쿠푸왕의 대피라미드**예요. 높이는 약 139미터, 평균 **2.5톤짜리 돌**을 **약 230만 개**나 쌓아 올려 만들었답니다.

철근 없이 버텼다.

사각뿔 모양으로 돌을 쌓은 건축물인 아프리카의 **피라미드**는 **옛 왕과 왕비의 무덤**으로 쓰였어요.

지금처럼 크레인 같은 기계가 없던 **약 4500년 전**에 2~3톤짜리 돌 수백만 개를 쌓아 올린 피라미드를 어떻게 지었는지는 **아직도 수수께끼**예요.

수단에는 무려 **200개가 넘는 피라미드**가 있어요. 이집트보다 많아요!

믿기 힘든 사실들

최근 과학자들은 **첨단 장비**로 피라미드를 조사하다가 피라미드 안에 아직 밝혀지지 않은 **비밀 통로**와 **빈 공간**이 있다는 걸 발견했어요.

이집트 다슈르에 있는 **스네프루왕의 굴절 피라미드**는 세계에서 유일하게 **휘어진 피라미드**예요. 처음에 가파르게 세우다가 무너질까 봐 중간부터 각도를 낮췄답니다.

꼭대기에서 피라미드들을 내려다보면 **정사각형 바닥의 네 면**이 **동서남북 방향**을 거의 정확히 가리키고 있대요.

세계에서 두 번째로 큰 카프레왕 피라미드 앞에는 **사자의 몸**에 **인간의 머리**를 한 거대한 석상 **스핑크스**가 있어요.

이집트 최초의 피라미드는 사카라 사막에 있는 **조세르 피라미드**예요. 약 4600년 전에 지어진 걸로 추정되지요.

놀랍도록 특별한

마다가스카르 여행에서 꼭 가야 할 곳을 묻는다면, 곧바로 베마라하 칭기 국립 공원으로 가라고 말하겠어요!

'칭기'는 마다가스카르 언어로 맨발로 걸을 수 없는 곳이라는 뜻이에요. 아무리 좋은 운동화를 신었다고 해도, '칼날의 숲'이라고 불리는 이 구역을 지나가기란 불가능하죠. 거대한 바늘처럼 하늘을 향해 뾰족뾰족 솟은 석회암이 솟아 있는데 높이가 약 100미터인 것도 있어요. 석회암은 2억 년도 더 전에 만들어졌고, 이후에 지각이 움직여 위로 솟구치고 장맛비에 깎이면서 지금의 모습이 되었어요. 삐죽빼죽 거대한 암석들 때문에 사람에게는 접근 금지 구역이지만, 카멜레온이나 여우원숭이를 비롯해 야생 동물 무리들에게는 쉼터가 돼요.

최고의 안식처야!

칼날의 숲

마다가스카르 베마라하 칭기 국립 공원

이 숲 밑에는 **지하 동굴**이 몇 킬로미터나 펼쳐져 있어요.

고대의 수수께끼

게디 유적
케냐 말린디

지금은 원숭이와 새뿐이지만 스와힐리의 게디는 중세 시대에 융성했던 대도시였어요. 제일 오래된 유적은 11세기 것이고, 도시는 13~16세기에 가장 번영했지요. 도시 성벽의 안쪽에는 부자들이 살았어요. 창문 없는 건물에 금과 보물을 보관해 두고, 지붕에 난 비밀 문으로만 드나들었지요! 이곳은 수도 시설과 수세식 화장실도 있을 만큼 발전해 있었어요. 인도양 해변에서 5킬로미터밖에 떨어져 있지 않아서 아시아, 유럽과 무역을 한 곳이기도 했어요. 중국 명나라의 꽃병, 베네치아의 구슬, 스페인의 가위가 이곳에서 발견되었지요. 이 도시는 17세기에 알 수 없는 이유로 폐허가 되었는데, 우물이 다 말라 버렸기 때문이라는 이야기도 있어요.

그레이트 짐바브웨
짐바브웨 마스빙고주

화강암을 정교하게 쌓아 올린 건물들을 보세요. 시멘트 한 숟가락 쓰지 않고도 돌들이 서로 꼭 맞물려 서 있는 모습이 마치 퍼즐을 맞춰 놓은 것 같아요. 이곳은 옛 짐바브웨 왕국의 수도이자 11세기부터 15세기까지 아프리카 남부 무역의 중심지였어요. 하지만 시간이 흐르면서 사람들이 떠났고, 웅장한 성벽만 남게 되었지요. 19세기 말 이 지역을 탐사하던 유럽인들은 아프리카 사람들이 이런 건축물을 지었을 리 없다며 그레이트 짐바브웨의 가치를 왜곡하기도 했어요. 그러나 연구 결과 이곳은 분명 원주민들이 세운 건축물임이 밝혀졌죠. 지금은 아프리카 고대 문명의 흔적을 보여 주는 중요한 유적지로 손꼽혀요.

아담의 달력
남아프리카 공화국 음푸말랑가

현지 사람들만 알고 있던 이상하게 생긴 돌 유적이 비행기 추락 사고를 계기로 세계의 눈길을 끌게 되었어요. 남아프리카 공화국의 조종사 요한 하이네는 비행 중 음푸말랑가의 산 주위로 수천 개의 돌이 둥그렇게 배열된 것을 보고 호기심이 일었어요. 그러던 2003년, 우연히 동료 비행사의 구조에 참여했다가 비행기 사고 잔해 근처에서 땅 위로 불쑥 튀어나온 돌기둥 무리를 발견했어요. 조사 결과, 그 돌들 중 몇몇이 동서남북을 가리키며, 태양의 움직임을 따라 자리하고 있다는 사실이 밝혀졌어요. 지름 약 30.5미터의 이 원은 줄루족의 노인들에게 '인잘로 예 랑가', 즉 '태양의 탄생지'라고 알려져 있어요. 이 고대의 태양 시계가 얼마나 오래되었는지는 아무도 몰라요. 어떤 사람들은 7만 5000년도 더 전에 만들어졌다고 말한답니다.

원형의 돌 유적은 남아프리카 공화국에 수천 개가 있어요.

악숨 유적
에티오피아

아프리카 에티오피아에는 아주 오래된 도시, 악숨이 있어요. 이곳은 기원전 100년대부터 1300년대까지 번성했던 고대 악숨 왕국의 수도였지요. 지금도 이곳에는 오래된 왕궁 터와 왕들의 무덤, 교회 등이 남아 있어요. 그중에서도 가장 눈길을 끄는 것은 하늘로 뾰족하게 솟은 커다란 돌기둥, 오벨리스크예요. 왕의 무덤을 표시하거나 왕의 강력한 힘을 보여 주기 위해 세워졌다고 해요. 하지만 이렇게 커다란 돌을 어떻게 잘라 옮기고 똑바로 세웠는지는 아직도 수수께끼로 남아 있답니다. 5개의 오벨리스크 중 가장 큰 것은 1937년, 에티오피아를 점령한 이탈리아가 로마로 가져가 버렸어요. 그러나 오랜 협상 끝에 2005년에 다시 에티오피아로 돌아왔고 2008년에 복원되었어요.

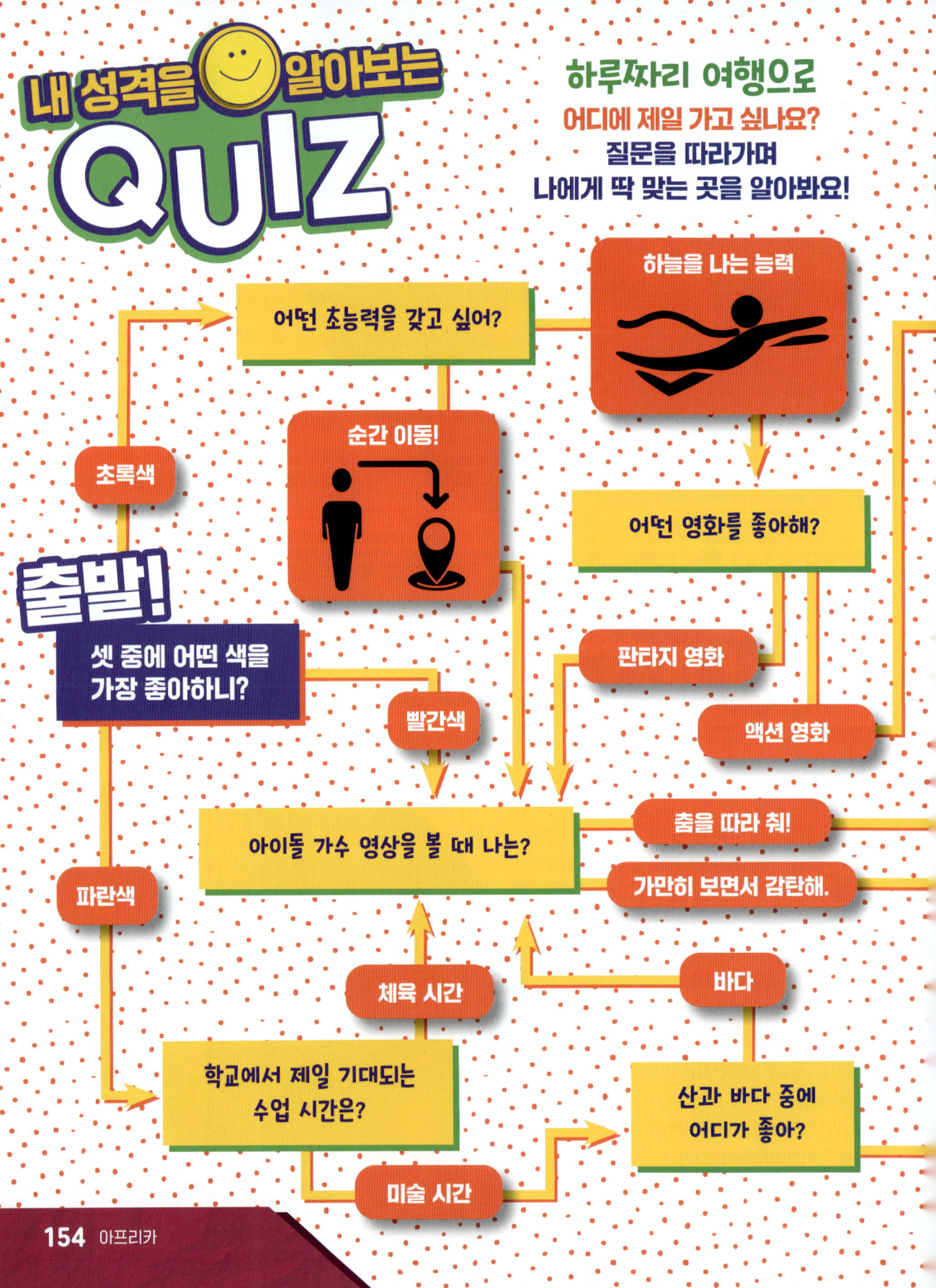

사자

동물원에 가면 제일 보고 싶은 동물은?

타조

멋진 히어로가 나오는 모험 이야기

어떤 이야기가 더 좋아?

주인공이 꿈을 이루는 성장 스토리

산

세렝게티

끝없이 펼쳐진 대자연 속에서 수많은 야생 동물을 만날 수 있는 곳이에요. 특히 매년 5월에서 7월 사이에는 누, 얼룩말, 가젤이 떼를 지어 이동하는 대이동이 펼쳐져요. 이들을 노리는 사자와 하이에나, 그리고 강에 숨어 기다리는 악어까지! 세렝게티에서 살아 있는 자연을 직접 느껴 보세요.

나트론 호수

많은 동물에게 죽음의 호수이지만, 꼬마홍학에게는 생명의 호수예요. 이 호수는 염분과 알칼리 농도가 아주 높아서 대부분의 생물이 살기 어려워요. 그런데도 꼬마홍학은 이곳에서 알을 낳고 새끼를 키우며 살아가요. 수백만 마리 분홍빛 새들이 모여 있는 장관을 바라보며 그들이 살아남을 수 있는 비결을 직접 확인해 보아요.

악마의 수영장

빅토리아 폭포 낭떠러지 바로 위에는 아찔한 수영장이 있어요. 여기서는 폭포 아래로 떨어질 듯 짜릿한 스릴과 멋진 경치를 동시에 느낄 수 있답니다. 폭포에서 흘러내린 물이 만들어 내는 안개, 그 사이에 걸린 무지개, 그리고 떨어지는 물이 내는 우르릉 소리까지! 정말 특별한 경험을 선물해 주는 곳이에요.

케냐 이텐

세계적으로 유명한 아프리카 육상 선수들의 고향으로 불려요. 이곳은 산소가 적은 고지대라서 달리기 훈련을 하기에 아주 좋아요. 그래서 수많은 훈련 캠프가 들어서 있지요. 이곳에서 여러분도 달리기를 해 보아요! 숨어 있던 달리기 실력을 발견할지도 몰라요.

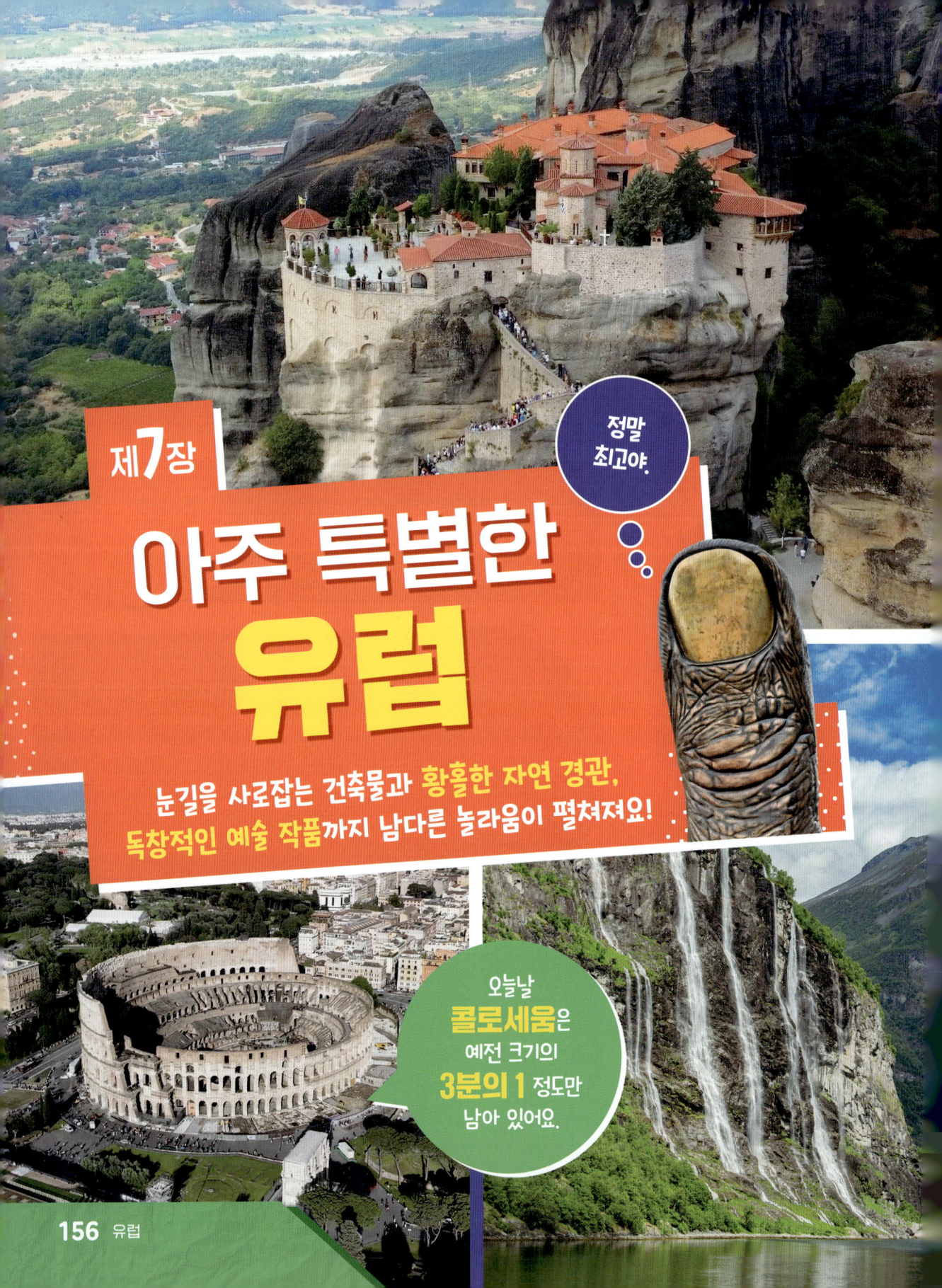

예이랑에르 피오르의 수정처럼 맑은 바다에서 카약을 타는 체험을 할 수 있어요.

지도를 보며 알아보아요!

신나는 축제부터 짜릿한 테마파크까지 즐거움이 가득한 유럽으로 어서 와요!

아이슬란드는 얼음의 나라라고 불리지만, 사실 화산 활동이 활발한 **불의 나라**이기도 해요. 무려 **100여 개의 화산**이 있답니다.

독일은 유럽에서 **성이 가장 많아요.** 무려 2만 개가 넘는 성이 있어요!

바티칸 시국은 **세계에서 가장 작은 나라**예요. 면적이 약 0.44제곱킬로미터로, 우리나라 **경복궁 전체 크기와 비슷해요.**

158 유럽

유럽은 세계에서 **두 번째로 작은 대륙**이지만, 놓칠 수 없는 놀라운 **자연 풍경과 건축물**이 셀 수 없을 만큼 많아요!

러시아는 **유럽과 아시아 두 대륙에 걸쳐 있어요.** 사람들이 많이 모여 사는 큰 도시들이 유럽에 있고, 역사와 문화도 유럽의 영향을 많이 받아서 **유럽 국가로 분류**해요.

스페인과 프랑스 국경에 있는 **꿩장섬**은 1659년부터 두 나라가 **번갈아** 다스려요.

유럽에서는 **200개 이상의 언어**가 쓰이고 있어요. 하지만 유럽 연합에서는 **24개 언어만 공식 언어**로 인정하고 있죠.

자연이 만든 놀라운 풍경

아우스비르기 협곡
아이슬란드 바트나요쿨 국립 공원

말굽 모양의 협곡을 발견하면 행운이 찾아온대요. 사실 이렇게 멋진 경치를 본다면 그 자체로 행운이지만요! '신들의 쉼터'라는 뜻인 아우스비르기 협곡에는 푸른 나무와 멋진 물길이 가득하고, 한복판에 바위로 된 섬이 있어요. 100미터 높이의 가파른 절벽은 1000만~800만 년 전에 처음 만들어졌어요. 빙하 밑에서 일어난 화산 폭발로 홍수가 일어났거든요! 바이킹 정착민들은 협곡이 생긴 이유를 북유럽 신화에서 찾았어요. 발이 8개 달린 오딘 신의 말 슬레이프니르가 하늘을 날다가 어느 날 이곳에 발자국을 남겨서 협곡이 생겼다고 믿었지요. 협곡의 길이는 약 3.5킬로미터, 폭은 1.1킬로미터 정도이니, 엄청나게 거대한 발굽이겠네요!

플리트비체 국립 공원
크로아티아 리카센주, 카를로바츠주

요정을 만날 것만 같은 신비로운 숲으로 놀러 오세요! 이곳에는 16개의 호수가 계단처럼 층층이 놓여 있어요. 위쪽에서 흘러내린 물은 폭포가 되어 아래쪽 호수로 이어지지요. 호수의 색은 햇빛이 비치는 각도에 따라 에메랄드빛, 진한 파란빛, 밝은 초록빛 등으로 순간순간 달라 보여요. 한편 이곳은 다양한 동식물의 보금자리이기도 해요. 갈색곰, 늑대, 여우 같은 야생 동물이 숲을 누비고, 이끼와 나무, 야생화들이 호수 주변을 알록달록 물들여요. 나무 데크 산책로가 길게 이어져 있으니 발길 닿는 대로 걸으며 자연을 즐겨 보아요. 혹시 알아요? 정말 요정을 만날지도 모르죠!

우리 중 누가 첫째게?

예이랑에르 피오르
노르웨이 뫼레오그롬스달주

피오르는 빙하가 천천히 흘러내리며 산을 깊게 깎아 만든 U자 모양의 골짜기예요. 이 골짜기에 바닷물이 들어와 바다가 산속 깊숙이 파고든 모양이 되었지요. 노르웨이에는 1000개가 넘는 피오르가 있어요. 그중 예이랑에르 피오르는 세계에서 가장 아름답기로 유명한 피오르 가운데 하나랍니다. 이곳은 절벽이 해발 약 1500미터 높이까지 솟아 있어요. 곳곳에 멋진 폭포들이 쏟아지는데, 나란히 떨어지는 일곱 갈래의 물줄기 때문에 이름 붙은 '일곱 자매 폭포'가 특히 유명하지요. 영화 「겨울왕국」의 배경 '아렌델 왕국'의 모델이 된 곳으로 알려져 더욱 주목받고 있어요.

기막히게 귀여워! 후투티

후투티는 특이하게 복숭아색의 머리 깃털이 있어요. 이 깃털과 부리 모양 때문에 곡괭이를 닮은 새로 불리지요. 정말 귀여운 곡괭이죠? 후투티는 포식자를 감지하거나 흥분하면 머리 깃털을 빳빳하게 세워요. 꼭 투구처럼 보인답니다. 암컷은 하늘색 알을 낳는데 이 색이 그리 오래가지 않아요. 번식기 동안 암컷은 수많은 박테리아와 기름, 왁스가 섞인 끈적거리는 물질을 만들어 내고 그걸 부리에 묻혀 알에 슥슥 발라요. 그러면 알은 점차 갈색으로 변하지요. 분비물은 아주 지독한 냄새가 나서 포식자로부터 알을 보호하는 데 도움이 돼요. 후투티가 보이면 잘 살펴보세요. 냄새는 맡지 말고요!

하늘을 찌르는 성당들

샤르트르 대성당
프랑스 샤르트르

높이가 115미터에 이르는 샤르트르 대성당에는 모양이 다른 종탑 두 개가 있어요. 하나는 12세기에 세운 로마네스크 양식의 종탑이고, 다른 하나는 16세기에 지은 고딕 양식의 종탑이에요. 12~13세기에 만든 스테인드글라스에 햇빛이 통과하면 성당 안은 온통 푸른빛으로 물들어요. 사람들은 이 푸른빛을 '샤르트르 블루'라고 불러요.

쾰른 대성당
독일 쾰른

높이가 약 157미터나 되는 이 성당은 완공 당시 세계에서 가장 높은 건축물이었어요. 약 2만 명이 들어설 수 있을 만큼 규모가 어마어마하지요. 1248년에 짓기 시작해, 짓고 멈추고를 반복하다가 무려 600년이 지난 1880년에 완성되었어요. 제2차 세계 대전 때 도시는 큰 피해를 입었지만, 대성당 외관은 기적처럼 남아서 독일 사람들이 희망과 회복의 상징으로 여기고 있답니다.

요크 대성당
영국 요크

250년에 걸쳐 지어진 이 성당은 웅장한 규모를 자랑해요. 높이 약 72미터에, 크기는 축구 경기장을 통째로 쏙 넣을 수 있을 만큼 크지요. 오랫동안 지어져 창문 모양, 기둥 장식, 첨탑의 모습 등 시대마다 달라진 영국 고딕 양식이 곳곳에 담겨 있습니다. 가장 눈길을 사로잡는 것은 중세 스테인드글라스 가운데 가장 큰 규모를 자랑하는 거대한 창이에요. 높이가 23미터, 폭이 9미터쯤 되어요.

밀라노 대성당
이탈리아 밀라노

이탈리아에서 가장 큰 성당이에요. 완공까지 무려 600년 넘게 걸렸고, 섬세하고 화려한 장식으로 유명하지요. 성당에는 3000개가 넘는 조각상이 있어서 세계에서 조각상이 가장 많은 성당으로 알려져 있어요. 135개의 첨탑 중 108.5미터의 가장 높은 첨탑 꼭대기에는 밀라노의 수호신으로 여겨지는 황금빛 성모 마리아상이 빛나고 있지요. 날씨가 맑은 날 옥상에 오르면 시내는 물론, 멀리 알프스산맥까지 한눈에 바라볼 수 있답니다.

노트르담 대성당
프랑스 파리

12세기에 짓기 시작해 200년 가까이 걸려 완성된, 파리를 대표하는 역사적인 건물이에요. 성당 앞에 서면 약 96미터의 높은 탑과 정교한 장식에 절로 눈이 커지지요. 성당 안으로 들어가면 하늘 높이 솟은 아치형 천장이 있어요. 커다란 장미 모양의 스테인드글라스 창문으로 햇빛이 비추면 성당 안이 온통 무지갯빛으로 반짝이죠. 그런데 2019년 큰 화재로 첨탑과 지붕이 무너지는 안타까운 일이 있었어요. 다행히 지금은 복원 공사를 마치고 재건되어 다시 문을 열었어요.

세고비아 대성당
스페인 세고비아

유럽에서 가장 늦게 지어진 고딕 대성당이에요. 세련된 모양 때문에 '대성당의 귀부인'이라는 별명이 붙었지요. 성당에는 높이 약 88미터의 종탑이 있는데, 꼭대기에 오르면 도시의 붉은 지붕들과 멀리 산맥까지 한눈에 내려다볼 수 있어요. 16세기부터 내려온 스테인드글라스 창문에는 예수의 생애, 스페인 성인들의 이야기 등 성경의 장면이 생생하게 표현되어 있는데요. 글을 모르는 사람들에게 성경 이야기를 전해 주는 그림책 같은 역할을 했어요.

경치가 멋진 호텔

예슈테트 호텔
체코 예슈테트산

체코 리베레츠를 내려다보는 94미터 높이의 언덕에 예슈테트 호텔이 있어요. 모양과 쓰임 모두 남다른 호텔이에요. 이 건물은 1963년 카렐 후바체크가 호텔이자 레스토랑이자 텔레비전 전파 송신기로서 설계한 거예요! 혹독한 추위와 강풍을 이겨 내기 위해, 송신기는 건물 안에 있어야 했지요. 지금은 308미터 위에 있는 입구까지 손님을 나르던 케이블카가 운행하지 않지만, 송신기와 호텔의 역할을 제대로 하고 있어요. 호텔은 주변 스키장이 붐비는 겨울에 특히 인기가 많아요. 밖을 보면 사방에 장관이 펼쳐지고, 주변국인 독일과 폴란드도 보여요!

페어몬트 르 몽트뢰 팰리스
스위스 몽트뢰

왕과 여왕이 살 것 같은 궁전 호텔이 여기 있어요! 1906년에 문을 연 이곳은 스위스 레만호와 알프스를 한눈에 바라볼 수 있는 호화로운 호텔이에요. 커다란 창문을 열면 눈앞에 푸른 호수와 웅장한 산맥이 그림처럼 펼쳐지지요. 하얀 벽과 황금빛 장식으로 꾸민 외관은 궁전처럼 화려하고, 정원은 산책하기에 참 아름다워요. 호텔 안에는 맛있는 음식을 즐길 수 있는 식당과 편안히 쉴 수 있는 스파도 마련되어 있어요. 여름이면 몽트뢰에서 재즈 음악 축제가 열려 도시 전체가 신나는 음악으로 가득해진답니다.

이상한 점을 찾아라!

눈 덮인 이글루처럼 보이나요?
이곳은 일 년에 한 번 나타났다가 사라지는 아이스호텔이에요.

스웨덴 유카스야르비에 있는 이 호텔은 매년 토르네강에서 가져온 깨끗한 얼음과 눈으로 새로 지어지는, 세계 최초이자 가장 유명한 얼음 호텔이랍니다. 이 호텔을 짓기 위해 매년 겨울마다 전 세계 예술가들이 모여 독특한 디자인의 객실, 바, 예배당 등을 조각해요. 봄이 오면 호텔은 녹아서 강으로 돌아가지요. 2016년부터는 여름에도 즐길 수 있는 아이스호텔365가 문을 열었어요. 태양광 에너지를 이용해 객실을 늘 영하로 유지하기 때문에 얼음이 녹지 않아 일 년 내내 언제든 머물 수 있어요.

한 번 보면 절대 잊지 못할 작품들!

엄지 조각상
프랑스 퓌토

엄지를 척 들어 올릴 만큼 멋진 작품 얘기를 해 볼까요! 프랑스 금융가의 고층 건물들 사이에 불쑥 솟은 '엄지손가락'은 프랑스 예술가 세자르 발다치니가 만들었어요. 12미터 높이에, 무게가 16톤인 청동 작품이에요. 새것같이 빛나는 건물들 사이에 빛바래고 주름진 '엄지손가락'이 보이지요. 작가 자신의 손가락을 본떠서 거대하게 만든 거예요. 엄지손가락을 주제로 한 그의 작품이 세계 곳곳의 박물관과 공원에 있지만, 이 작품이 가장 유명해요! 사람들은 발다치니의 예술에 엄지를 척 올리죠!

거대 코끼리
프랑스 낭트

이렇게 생긴 탈것은 어디에도 없을걸요! 높이 12미터에 폭 8미터, 길이 21미터에 이르는 거대 코끼리는 한 번에 승객 50명을 태우고 30분 동안 돌아다녀요. 기계로 만든 거대한 동물들을 전시하는 낭트의 레마쉰드릴 박물관에 가면 만날 수 있지요. 약 48톤의 강철과 나무로 만들어진 거대 코끼리는 시속 3킬로미터의 속도로 느긋하게 다녀요. 거대 코끼리를 타면 빨리 가지는 못하겠지요. 안쪽은 무척 화려해요! 휴게실, 유리문과 발코니, 심지어 테라스도 갖추고 있어요.

> 거대 코끼리가 계속 움직이려면 금속 몸통이 매끄럽도록 약 **2500리터의 기름**을 칠해 줘야 해요.

켈피들
영국 스코틀랜드

앗, 길을 걷다 보니 눈앞에 거대한 말이! 높이만 약 30미터에 달하는 이 거대한 말머리 조각상은 스코틀랜드 전설에 나오는 말 모습을 한 물귀신, 켈피를 형상화했어요. 동시에 과거 운하를 따라 바지선을 끌던 말들을 상징하는 작품이기도 하지요. 해가 지면 조각상 안쪽에서 불빛이 켜져 낮과는 또 다른 분위기를 보여 줘요. 낮에는 점잖던 말이 밤에 멋진 디스코 말로 변신하는 것 같죠. 안내원과 함께 조각상 내부를 둘러볼 수도 있고, 용감하다면 켈피 속으로 올라가 로프를 타고 내려오는 체험도 할 수 있어요.

지평선의 찬사
스페인 기혼

변기 아니라니까!

높이 약 10미터, 너비 약 12미터, 무게 500톤에 달하는 거대한 콘크리트 조각이에요. 스페인의 유명 조각가 에두아르도 칠리다가 1990년에 만든 작품이지요. 바닷가 절벽 위에 자리 잡고 있어 멀리서 보면 마치 하늘과 바다를 향해 두 팔을 활짝 벌린 듯 보여요. 조각 안쪽에 서면 파도 소리와 바람 소리가 실제보다 훨씬 크게 들리는데, 이 음향 효과는 조각가가 의도한 게 아니라 우연히 생긴 결과래요. 현지 사람들은 독특한 모양 때문에 이 조각에 '킹콩의 변기'라는 별명을 붙여 주었어요.

판타스틱 놀라운 세계 정보

이상한 연례행사에 관한

매년 8월 마지막 주 수요일, 스페인의 작은 마을 **부뇰**에서는 **토마토 전쟁**이 벌어져요. 참가자들이 한 시간 동안 **으깬 토마토를 서로에게 던지며** 신나게 놀지요.

해마다 봄이면 영국 글로스터셔에서 열리는 **언덕 아래로 굴러가는 둥근 치즈 잡기 대회**에 **참가자들이 몰려들어요.**

불가리아 페르니크에서는 매년 1월 마지막 주 주말에 **수르바 축제**가 열려요. **무서운 가면을 쓴 사람들**이 허리에 **무거운 종**을 달고 춤을 추며 악령을 쫓아내요.

재미있는 사실들

해마다 **벨기에 뱅슈**에서 열리는 카니발에서는 **질**이라 불리는 남자들이 **밀랍 마스크**를 쓰고 행진하며 **오렌지를 던져요.**

스페인의 어느 마을에서는 전 해에 태어난 아기들을 눕혀 놓고 성인 남자가 그 위를 뛰어넘어요! 악마로부터 아기들을 구하기 위해서래요.

절대 따라 하지 마세요!

오스트리아 린츠에서는 매년 7월 중순, **거리 예술 축제인 플라스터스펙타겔**이 열려요. 무려 **800회가 넘는 거리 공연**이 도심 곳곳에서 펼쳐진답니다.

독특한 철도역

세상에서 가장 긴 미술관
스웨덴 스톡홀름

약 110킬로미터나 이어지는 스톡홀름 지하철은 세계에서 가장 긴 미술관이에요. 100개 중 90개가 넘는 지하철역에서 승강장이나 벽, 대합실을 독특한 전시관으로 꾸몄어요. 70여 년 동안 150명의 예술가가 참여해 벽화, 풍경화, 설치 미술 작업을 했지요. 사실 1957년부터 새 역을 설계할 때마다 예술가들이 참여해 왔고, 낡은 지하철역은 조각상, 그림, 모자이크로 단장했어요. 역마다 고유한 역사와 특징을 살려 개성을 담았지요. 커다란 12면체 조형물이 천장에 걸려 있는 '왕립공과대' 역은 첨단 과학 기술을 주제로 꾸몄고, '왕의 정원' 역은 한때 역 위에 있던 궁전이 떠오르는 모습으로 꾸몄어요. 지하철역이 단순한 교통수단이 아니라 가 보고 싶은 여행지가 될 법도 하지요!

아토차역 연못에는 한때 구조된 거북이 살았어요.

아토차역의 열대 정원
스페인 마드리드

아토차역은 역보다는 오아시스 같아요. 이곳에서 볼 수 있는 건 평범한 벽돌과 콘크리트가 아니에요. 사진에는 잘 드러나지 않지만, 이곳은 4000제곱미터에 달하는 대규모 정원이에요. 화분 몇 개를 갖다 놓은 정도가 아니에요. 필리핀 바나나 나무부터 브라질 고무나무까지 아메리카와 아시아, 오스트레일리아 등에서 온 260종 이상의 식물 약 7000개가 모여 있지요. 이 정원은 1992년에 사용되지 않던 역의 한 구역에 조성되었는데, 유리로 덮인 천장 덕분에 식물이 쑥쑥 자라는 온실로 완벽한 환경을 갖추게 되었어요. 도시 속 정글로 새롭게 태어난 거예요.

숫자로 알아볼까요?

콜로세움

고대 로마 시대에 지은 거대한 원형 경기장으로 이탈리아 로마 중심지에 있어요. 약 8년간의 공사 끝에 서기 80년에 완성된 로마 건축 기술의 걸작이지요. 이곳에서는 검투사들의 전투, 맹수 사냥, 신화를 재현한 공연 등 다양한 볼거리가 열렸어요. 때로는 죄수들의 처형이 이루어지기도 했답니다.

건축 시기: 약 2000년 전

높이: 약 48미터
15층 건물과 비슷한 높이

면적: 약 2만 4000제곱미터
축구장 3배가 넘는 크기

수용 인원: 최대 8만 7000명

입구 수: 총 80개
황제와 귀족을 위한 출입구 4개와 일반 관중용 76개

놀랍도록 특별한

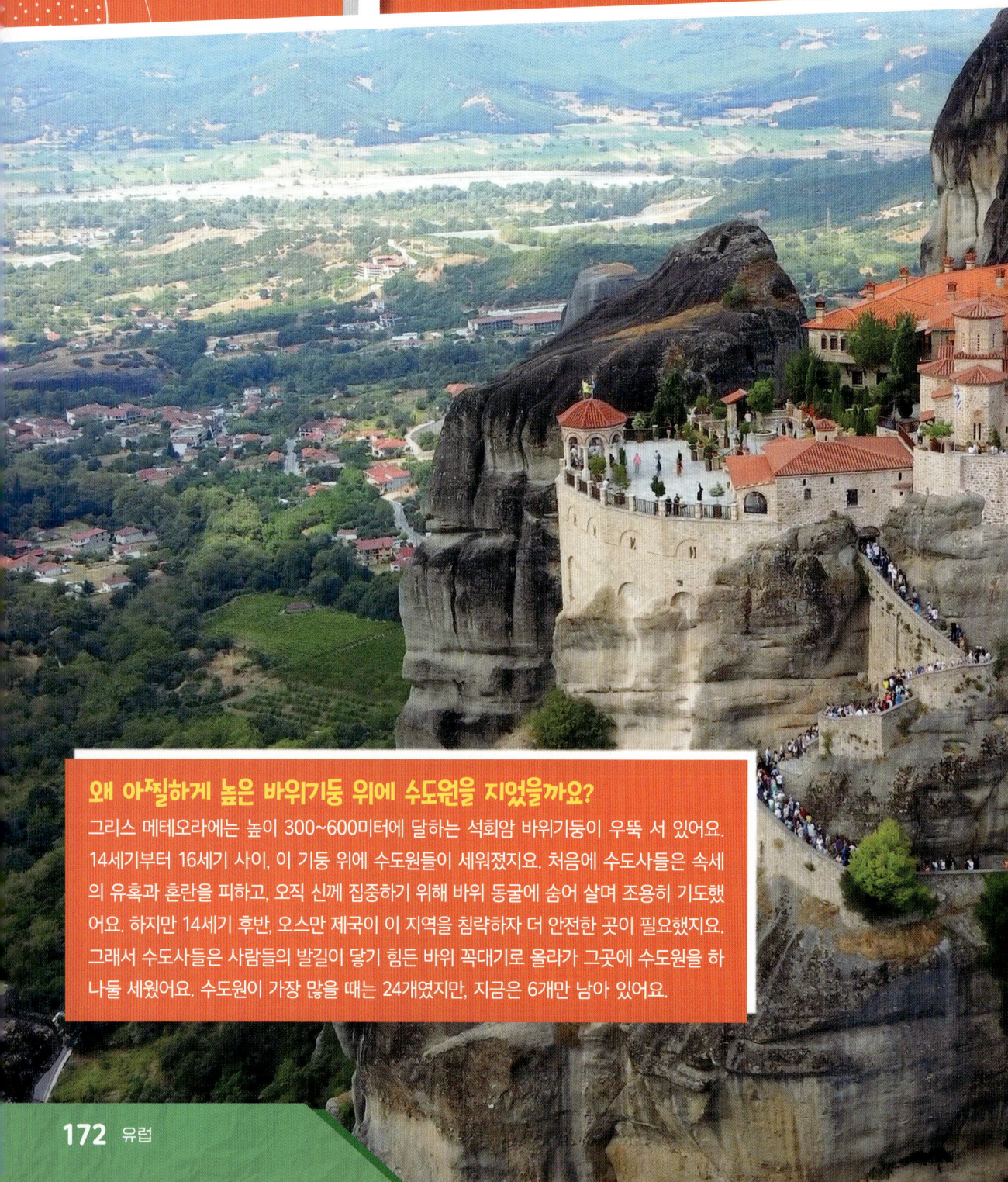

왜 아찔하게 높은 바위기둥 위에 수도원을 지었을까요?
그리스 메테오라에는 높이 300~600미터에 달하는 석회암 바위기둥이 우뚝 서 있어요. 14세기부터 16세기 사이, 이 기둥 위에 수도원들이 세워졌지요. 처음에 수도사들은 속세의 유혹과 혼란을 피하고, 오직 신께 집중하기 위해 바위 동굴에 숨어 살며 조용히 기도했어요. 하지만 14세기 후반, 오스만 제국이 이 지역을 침략하자 더 안전한 곳이 필요했지요. 그래서 수도사들은 사람들의 발길이 닿기 힘든 바위 꼭대기로 올라가 그곳에 수도원을 하나둘 세웠어요. 수도원이 가장 많을 때는 24개였지만, 지금은 6개만 남아 있어요.

공중 수도원

그리스 메테오라 수도원

처음에 수도사들은 밧줄로 만든 사다리로 절벽을 오르내리며 수도원을 지었대요.

얼음의 재발견

모스크바 얼음 조각 축제

러시아 모스크바

겨울이 되면 모스크바에 거대한 얼음 성이 세워져요! 매년 열리는 이 축제를 위해 세계 곳곳에서 모여든 얼음 조각가들이 수천 톤의 얼음을 깎아 멋진 작품을 만들어 내지요. 성, 동물, 캐릭터, 건축물 등 다양한 모양으로 조각된 얼음 작품은 낮에는 투명하게 반짝이고, 밤에는 알록달록 비춘 조명과 함께 빛나요. 축제에는 눈과 얼음으로 즐길 수 있는 체험도 많아요. 직접 탈 수 있는 얼음 미끄럼틀, 스케이트장이 마련돼 있어 어린이와 어른 모두가 즐겁게 놀 수 있답니다. 뿐만 아니라 러시아 전통 놀이 체험과 애니메이션 관람, 댄스 쇼까지 즐길거리가 한가득이지요. 모스크바의 겨울은 길고 춥지만, 이 축제 기간만큼은 차가움이 오히려 즐거움으로 바뀌어요.

페바 레스토랑

이탈리아 베네토

맨날 먹는 요리에 질렸나요? 이탈리아 북부 베네토에 있는 페바 레스토랑에 가면 새로움을 맛볼 수 있어요. 페바 레스토랑의 요리사는 '아리아 프리타', 즉 '공기 튀김'이라는 가벼운 요리를 만들었어요. 공기 튀김은 아주 얇은 층의 타피오카(감자와 비슷한 식물인 카사바로 만든 녹말)를 튀기고 말린 다음, 작은 구름처럼 둥글게 부풀려서 만들어요. 여기에 산소와 비슷한 저농도 오존을 가득 채운 뒤 향신료를 뿌리고, 그 밑에 솜사탕을 깔아서 내놓지요. 공기 튀김을 한 입 베어 먹으면 산속 신선한 공기를 들이마신 기분이 든대요. 맛은 또 어떻고요! 물론 이건 애피타이저일 뿐이고, 이어서 나오는 음식으로 배를 채울 수 있어요.

암벽 타는 아이벡스
이탈리아 에트나산

거대한 산양의 일종인 아이벡스는 새로운 차원의 모험을 즐겨요. 어떤 암벽 등반가가 와도 이 용감한 동물에 혀를 내두를 거예요. 안전 장비도 없이, 산 높은 곳까지 수직 절벽을 막 타고 오르거든요! 겨울 동안 가파른 알프스 산비탈에 살아서 포식자들은 가까이 가지도 못해요. 아이벡스는 발굽 끝이 뾰족해서 이쪽 절벽에서 저쪽 절벽으로 미끄러지지 않고 점프할 수 있어요. 게다가 영양가가 풍부한 눈 덮인 알프스산의 암벽을 핥으며 건강에 꼭 필요한 소금을 섭취해요. 봄과 여름에는 목초지로 돌아가서 겨울 동안 빠졌던 살을 다시 찌운답니다.

> 다들 언제나 내 발밑에 있지.

튀르키예 돈두르마
튀르키예

튀르키예에서는 아이스크림을 사 먹기란 생각보다 어려워요. 판매원이 긴 막대에 아이스크림을 꽂아 요리조리 흔들거나 번쩍 들어 올려서 손님이 쉽게 잡지 못하게 장난을 치거든요. 이 장난이 가능한 건 튀르키예 아이스크림인 '돈두르마'가 잘 녹지 않고 쫀득하게 늘어나기 때문이에요. 돈두르마는 난초 뿌리 가루로 만든 살렙과 유향 나무 진액, 설탕, 염소젖 혹은 우유 등을 넣어 끓인 뒤, 낮은 온도에서 쇠막대로 계속 반죽하며 얼려요. 그래서 다른 아이스크림보다 훨씬 우유 맛이 진하고 찰져요.

쫀득하고 단단한 튀르키예 아이스크림을 길게 늘여서 **줄넘기**도 할 수 있대요!

별난 테마파크

레드 포스
스페인 바르셀로나

자동차 회사 페라리가 운영하는 페라리 랜드에는 유럽에서 가장 높고 빠른 롤러코스터, 레드 포스가 있어요. 페라리의 상징적인 빨간색 자동차 모양의 이 롤러코스터는 출발하자마자 단 5초 만에 시속 180킬로미터까지 달려요. 그리고 높이 112미터를 수직으로 올라갔다가 곧장 아래로 떨어지지요. 그 짜릿함이 마치 포뮬러 1 경주용 자동차를 탄 것 같다고 하니 상상만 해도 가슴이 두근거리지 않나요?

퓌뒤푸 테마파크
프랑스 레제페스

100년 된 숲에 있는 퓌뒤푸에서는 엄청난 규모로 재현된 역사를 만날 수 있어요. 남녀노소 모두 21세기를 떠나 바이킹 시대부터 제1차 세계 대전 때까지, 자신이 원하는 시대를 여행할 수 있어요.

에프텔링
네덜란드 카츠회벨

동화와 전설을 테마로 한, 세계에서 가장 오래된 테마파크예요. 그림 형제, 안데르센 등 유명 동화 작가들의 이야기를 바탕으로 만든 다양한 공간들을 만날 수 있죠. 움직이는 캐릭터들이 등장해 동화 속 장면을 생생하게 보여 주고, 네덜란드 전설에서 영감을 얻은 놀이기구와 롤러코스터도 있답니다. 계절마다 다양한 이벤트가 열리는데, 특히 크리스마스 시즌에는 온통 반짝이는 조명과 장식으로 가득 차 더욱 신비로운 분위기를 느낄 수 있어요.

롤러코스터 레스토랑
영국 스태퍼드셔주

롤러코스터가 음식을 가져다준다고요? 판타지 영화에나 나올 것 같죠? 앨턴 타워 테마파크에는 진짜로 롤러코스터가 서빙하는 레스토랑이 있어요. 손님들은 400미터에 달하는 트랙 밑에 앉아요. 주문한 음식이 트랙을 달리다가, 8미터 높이에서 토네이도 나선형 레일을 따라 빙글빙글 돌아 식탁에 착지하는 모습을 볼 수 있어요.

유로파파크
독일 루스트

유럽 각국의 문화와 역사, 전통을 한곳에서 느껴 보세요! 매년 500만 명 이상이 방문하는 유로파파크는 독일, 이탈리아, 스위스 등 16개 나라와 지역의 테마로 꾸며져 각국의 건축물, 음식, 놀이기구를 즐길 수 있어요. 프랑스 구역의 하늘 높이 솟아오르는 거대한 롤러코스터 실버 스타와 아이슬란드 구역의 불꽃처럼 빠르게 출발하는 롤러코스터 블루 파이어가 특히 인기 있어요.

디거랜드
영국

'퍼 주는 재미'를 보장하는 디거랜드는 굴착기를 운전해 보러 온 모든 사람, 물론 어린이들까지도 환영해요. 영국에 네 군데 지점이 있고, 미국 뉴저지주에도 있대요. 덤프트럭부터 소형 트랙터까지 탈것 20대를 갖추고 있어요.

초현실 건축물

댄싱 하우스
체코 프라하

두 개의 건물이 서로 기대어 춤을 추는 것 같지 않나요? 이 건물은 한 쌍의 댄서가 춤추는 모습에서 영감을 받아 지어졌어요. 건물이 세워진 이곳은 원래 제2차 세계 대전 때 폭격으로 집들이 무너져 버린 터였어요. 전쟁 후에 체코 사람들은 마음껏 자유를 누리지 못했던 사회주의 시절을 겪었지요. 세월이 흘러 체코가 자유를 되찾았을 때, 사람들은 무너진 자리에 딱딱한 콘크리트 건물이 아닌 자유를 상징하는 건물을 세우기로 했어요. 그렇게 세계적으로 유명한 건축가들이 힘을 모아 1996년, 지금의 댄싱 하우스를 완성했답니다.

우체부 슈발의 꿈의 궁전
프랑스 오트리브

한 우편집배원이 1879년부터 33년 동안 자신의 정원에 초현실적인 궁전을 지었어요. 이 궁전을 본 세계의 많은 사람들과 초현실주의 예술가들은 찬사를 보내지요. 이 역사적인 건축물은 프랑스 시골 마을의 푸르른 숲속에 자리 잡고 있어요. 건축물 구석구석에는 시와 인용문, 동물과 신화 속 인물의 모습이 정교하게 새겨져 있지요. '우체부 슈발'로 알려진 페르디낭 슈발은 우편물을 배달하며 주운 돌로 이렇게 엄청난 작품을 만들었어요. 자신이 읽은 책과 자연, 배달한 엽서 등에서 영감을 받아 지었다고 해요.

카사 두 페네두
포르투갈 파페산

거대한 바위 4개를 벽과 천장 삼아 연결하여 지은 '바위 집'이에요. 이 독특한 주택은 주변 풍경에 자연스럽게 녹아들어요. 휴가철 가족 별장으로 쓰기 위해 설계되었죠. 화강암을 깎아서 만든 훌륭한 수영장도 있어요. 하지만 방문객이 너무 많아져서 더 이상 평온하게 휴가를 즐기기 어려워지자 이 소박한 2층짜리 바위집은 박물관이 되었어요. 수도와 전기가 들어오지 않아 석기 시대 집처럼 보이지만, 이래 봬도 1970년대에 지은 집이랍니다.

거실에는 무게가 360킬로그램 나가는 콘크리트 소파가 있어요.

슬로바키아 라디오 빌딩
슬로바키아 브라티슬라바

거꾸로 세운 피라미드 같다고요? 아래는 좁고 위로 갈수록 넓어져서 곧 쓰러질 것 같아요. 멀리서 보면 공중에 둥둥 떠 있는 것처럼 보이기도 하죠. 주변의 전통적인 건물들 사이에서 유난히 튀는, 미래에서 떨어진 물체 같기도 해요. 이 독특한 건물은 슬로바키아가 사회주의 국가였던 시절인 1967년에 짓기 시작해 1983년에 완공된 라디오 방송국이에요. 안에 라디오 방송 장비가 설치되어 있어서 지금도 여전히 같은 용도로 쓰이고 있어요. 500석이 넘는 대형 콘서트홀이 있어 각종 공연도 열려요.

춤

빠르게, 한 번에 몰아쳐야 집중이 돼.

예이랑에르 피오르

모험과 속도를 즐기는 당신이라면 예이랑에르 피오르가 제격이에요. 천둥소리를 내며 쏟아지는 폭포, 협곡 사이의 바다가 짜릿한 모험심을 자극하지요. 자연이 만든 거대한 무대에서 아찔한 장관을 만나 보세요!

네가 원하는 속도는?

천천히 꾸준히 가는 게 좋아.

플리트비체 국립 공원

잔잔하고 차분한 선택을 한 당신에게 어울리는 곳은 플리트비체 국립 공원이에요. 16개의 호수와 수많은 폭포가 숲 사이로 이어져 동화 속 풍경처럼 아름다워요. 푸른 물빛을 바라보며 천천히 걸으면 마음도 함께 맑아질 거예요.

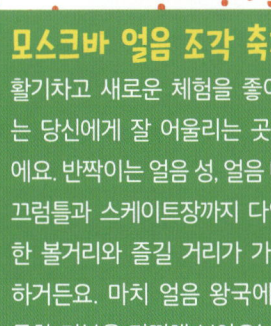

뜨거운 태양과 파도 소리가 있는 여름

모스크바 얼음 조각 축제

활기차고 새로운 체험을 좋아하는 당신에게 잘 어울리는 곳이에요. 반짝이는 얼음 성, 얼음 미끄럼틀과 스케이트장까지 다양한 볼거리와 즐길 거리가 가득하거든요. 마치 얼음 왕국에 온 듯한 기분을 만끽해 보아요!

바쁘면 끼니를 거를 때도 있어.

맛집 탐방

새로운 맛을 좋아하는 당신은 먹거리 여행이 딱이에요. 튀르키예의 쫀득한 돈두르마, 스페인의 토마토 축제, 테마파크에서 만나는 달콤짭짤한 간식까지 세계 곳곳의 먹거리는 그 나라의 즐거운 문화를 함께 맛보게 해 준답니다.

다음 끼니 메뉴까지 미리 정해 두는 편!

황제펭귄은 펭귄 중에서 몸집이 가장 크고 무거워요!

눈밭이 끝없이 이어진 남극 대륙에서 가장 세다고, 가장 멋지면서, 정말 놀라운 장소와 특별한 동물들을 발견해 보아요!

지도를 보며 알아보아요!

남극의 빙하에는 전 세계 사람들이 마실 수 있는 물의 약 60퍼센트가 들어 있어요.

남극에는 우리나라가 세운 세종 과학 기지와 장보고 과학 기지가 있어요. 우리나라 과학자들이 여기서 남극의 자연과 생물들을 연구하지요.

놀랍도록 특별한

남극의 하늘에 환상적인 빛이 춤추듯 넘실거려요.
남극의 오로라예요. 남극광이라고도 하지요.

이 빛은 녹색, 붉은색, 파란색, 보라색은 물론, 금빛이나 분홍빛으로도 나타나요. 어떤 날은 커튼처럼 하늘에 드리워졌다가, 어떤 날은 불꽃처럼 흔들리기도 하지요. 이 빛은 태양에서 날아온 아주 빠른 바람, 즉 태양풍 속의 작은 입자들이 지구 공기와 부딪히면서 생겨요. 이때 지구의 보이지 않는 힘인 자기장이 태양풍을 남극과 북극 쪽으로 끌어당겨서 오로라는 극지방에서만 볼 수 있지요. 남극은 사람이 거의 살지 않고 불빛도 없어서 오로라가 훨씬 더 선명하고 아름답게 보여요. 어떤 사람들은 오로라가 아주 강할 때 지지직거리는 소리를 들었다고 해요! 더 놀라운 사실은 오로라가 지구에서만 생기는 게 아니라는 거예요. 목성, 토성, 화성 같은 다른 행성의 하늘에서도 오로라가 빛난답니다.

하늘을 수놓은 신비한 빛

남극 오로라

남극에서는 긴 밤이 이어지는 3월부터 9월에 오로라를 가장 잘 볼 수 있어요.

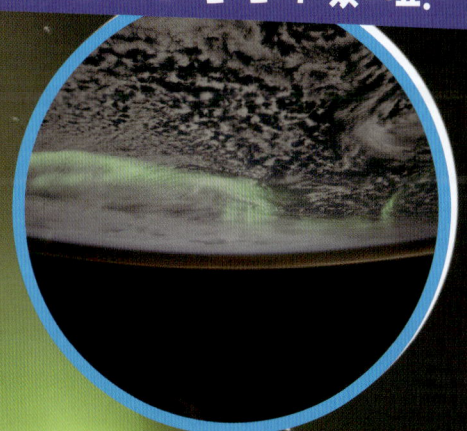

남극 대륙에서도 잘 사는

판타스틱 놀라운 세계 정보

황제펭귄은 새끼를 발등에 얹은 채 **품에 꼭 안고** 추위로부터 따뜻하게 지켜 줘요.

혹독한 남극에는 **땅에 사는 생물**이 거의 없어요. **꽃을 피우는 식물**도 오직 **두 종류*** 뿐이지요.

*남극좀새풀, 남극개미자리

남극 바다에 사는 **거대바다거미**는 다리 길이가 무려 **30센티미터**가 넘어요!

남극크릴은 남극 동물들의 **중요한 먹이**예요. 바다를 붉게 물들일 만큼 **거대한 무리를 이루어** 살지요.

생물들에 관한 시원시원한 사실들

남극의 빙하 속에 사는 바이러스, 세균, 곰팡이 같은 **미생물**은 **수천 년 동안** 살아남기도 해요.

남극풀마갈매기는 먹이를 소화시키면서 만드는 **고약한 냄새의 기름**을 내뿜어서 적을 위협하고 새끼를 지켜요.

펭귄의 **빽빽한 털은** 차가운 물이 피부에 닿는 것을 막고, 몸의 열을 지켜 주어요.

남극에 사는 **물고기들의 피**에는 **피를 얼지 않게 하는 단백질**이 있어서 차가운 바닷속에서도 살아갈 수 있어요.

웨들바다표범은 **900미터** 이상 깊은 바닷속에서 최대 **96분** 동안 **숨을 참으며** 먹이를 찾아요!

남극 바닷속의 수상한 생물들

남극갯고사리

움직이는 야자나무 같기도, 먼지떨이 같기도 한 남극갯고사리는 남극 바다와 그 주변의 차가운 바다에 살며 길고 가느다란 다리로 먹이를 잡아요. 불가사리와 가까운 친척으로, 입이 깃털 같은 다리에 둘러싸여 있지요. 몸 색깔은 빨간색, 주황색, 보라색, 갈색 등 다양해요. 보통은 바닷속 밑바닥에 붙어 있지만, 드물게 깃털 다리를 나풀거리며 자유롭게 떠다니기도 해요. 남극에서만 만날 수 있는 생물이라 과학자들에게 신비로운 연구 대상이랍니다.

문어는 피가 파란색이에요.

거대한 남극문어

조개의 입장에서 상상해 본다면, 이 으스스한 문어는 악몽 같을 거예요! 남극문어는 조개처럼 껍데기가 있는 맛난 바다 생물을 발견하면, 날카로운 이빨이 나 있는 혀로 그 껍데기에 구멍을 뚫어요. 그런 다음 구멍으로 독침을 넣어 안에 있는 생물의 연한 부분을 마비시키고 조금씩 녹여서 꿀꺽 삼키지요. 이 거대한 문어는 몸길이가 115센티미터에 달해요. 핏속에 특수한 단백질이 있어서 섭씨 영하 1.8도의 차가운 남극해에서도 살아남아요.

바다돼지

돼지랑 닮아서 바다돼지라는 이름이 붙었을 뿐 돼지와는 아무런 연관이 없어요. 수심 500~1200미터에 달하는 심해에서 사는 해삼의 일종이지요. 바다돼지는 몸길이 10~15 센티미터의 작은 몸집에, 반투명하고 통통해서 풍선 혹은 젤리처럼 보여요. 남극해와 그 주변 깊은 바다 밑바닥을 느릿느릿 기어다니며 죽은 물고기나 찌꺼기를 먹어 치우지요. 바닷속을 깨끗하게 만드는 청소부 같달까요. 12개의 짧은 다리로 걷는 모습이 너무 느려서 마치 슬로모션으로 움직이는 것처럼 보이기도 해요.

내가 좀 대식가지!

남극대왕고래

대왕고래는 공룡을 포함해서 지구상에 존재하는 모든 동물 중 가장 큰 동물로 알려져 있어요. 몸이 약 30미터까지 자라는데, 다 자란 대왕고래의 심장은 작은 자동차 크기만 해요. 그러면 이렇게 큰 동물은 뭘 먹을까요? 바다에서 가장 작은 생물을 먹어요. 아주아주 많이요! 대왕고래는 조그마한 새우처럼 생긴 크릴을 날마다 약 3.6톤씩 먹어요. 크릴을 먹을 때는 한번에 수 리터의 바닷물과 함께 꿀꺽 삼켰다가, 위턱에 자란 빗처럼 생긴 수염으로 크릴만 걸러 내요. 맛이 끝내준대요!

빙판 위의 펭귄들

젠투펭귄

눈 위의 하얀 털과 주황색 부리가 돋보이는 멋쟁이 펭귄이에요. 펭귄 가운데 꼬리가 가장 길고, 최고 시속 36킬로미터의 수영 속도를 자랑하는 스피드 챔피언이지요. 추운 남극 바다에서 살지만, 알을 낳을 때는 비교적 따뜻한 주변 섬에서 돌을 쌓아 알을 낳을 둥지를 만들어요. 물속에서는 물고기, 크릴, 오징어를 사냥하고, 수천 마리가 모여 거대한 무리를 이루며 산답니다.

턱끈펭귄

턱 밑에 까만 끈을 맨 것처럼 보여서 이런 이름이 붙었어요. 넥타이를 맨 것 같기도 하네요. 턱끈펭귄은 천적으로부터 새끼와 알을 지키느라 하루 종일 긴장을 늦출 수 없어요. 그런데도 잠은 절대 포기하지 않아요! 한 번 잠들 때 평균 4초 정도만 눈을 붙이는데, 하루에 무려 1만 번 넘게 이 짧은 잠을 반복한다고 해요. 이 짧디짧은 잠을 모아 보면 하루에 11시간이나 잔 셈이 되지요. 짧지만 달콤한 쪽잠으로 꿀맛 같은 긴 휴식을 즐기는 거예요.

남극 대륙

숫자로 알아볼까요?

가장 추운 대륙

남극은 지구에서 가장 춥고, 가장 높고, 바람이 가장 많이 부는 대륙이에요. 또 가장 건조한 곳이기도 해요. 엄밀히 말해 남극 빙상은 세계에서 가장 넓은 사막이에요! 얼마나 춥고, 높고, 건조한지 정확히 알고 싶나요? 극한의 끝을 달리는 남극의 살 떨리는 통계를 살펴보세요.

기록상 가장 낮은 기온:
섭씨 영하 89.2도

연 평균 강수량:
200밀리미터 미만

최고 풍속:
시속 327킬로미터

가장 높은 곳:
빈슨산
4892미터

남극점 평균 해발 고도:
약 2835미터

가장 오래된 얼음의 나이:
약 460만 살

깜짝 퀴즈

끝없는 얼음의 땅, 남극을 꿰뚫는
남극 박사가 될 수 있을까요?
퀴즈를 풀면서 확인해 보세요!

2. 바다돼지는 무엇일까요?
a. 바다에서 노는 걸 좋아하는 돼지
b. 느릿느릿 움직이는 심해 해삼
c. 돼지코를 가진 남극 동물
d. 돼지 모양의 빙하

1. 남극에서 가장 몸집이 큰 펭귄은?
a. 마카로니펭귄
b. 턱끈펭귄
c. 황제펭귄
d. 젠투펭귄

3. 세계에서 가장 넓은 사막은?
a. 중국의 고비 사막
b. 미국의 모하비 사막
c. 아프리카의 칼라하리 사막
d. 남극 대륙

4 남극에 있는 우리나라 과학 기지 두 곳은?
a. 세종 과학 기지
b. 장보고 과학 기지
c. 김치 보관 기지
d. 펭귄 관찰 기지

5 남극에서 남극크릴이 특별한 이유는?
a. 남극에 사는 생물들의 중요한 먹이여서
b. 새우 중에 크기가 제일 커서
c. 몸 색깔이 유난히 하얘서
d. 혼자서도 잘 살아서

6 다음 중 에러버스산에 대한 설명 중 옳은 것은?
a. 활화산이다.
b. 세계에서 가장 북쪽에 있다.
c. 정상 근처에 맑은 호수가 있다.
d. 눈과 얼음이 하나도 없다.

7 웨들바다표범은 최대 몇 분 동안 숨을 참을 수 있을까요?
a. 9분
b. 33분
c. 69분
d. 96분

8 남극의 오로라는 다음 중 언제 가장 잘 보일까요?
a. 1~2월
b. 3~9월
c. 10~12월
d. 매일

정답: ①c, ②b, ③d, ④a,b, ⑤a, ⑥a, ⑦c, ⑧b

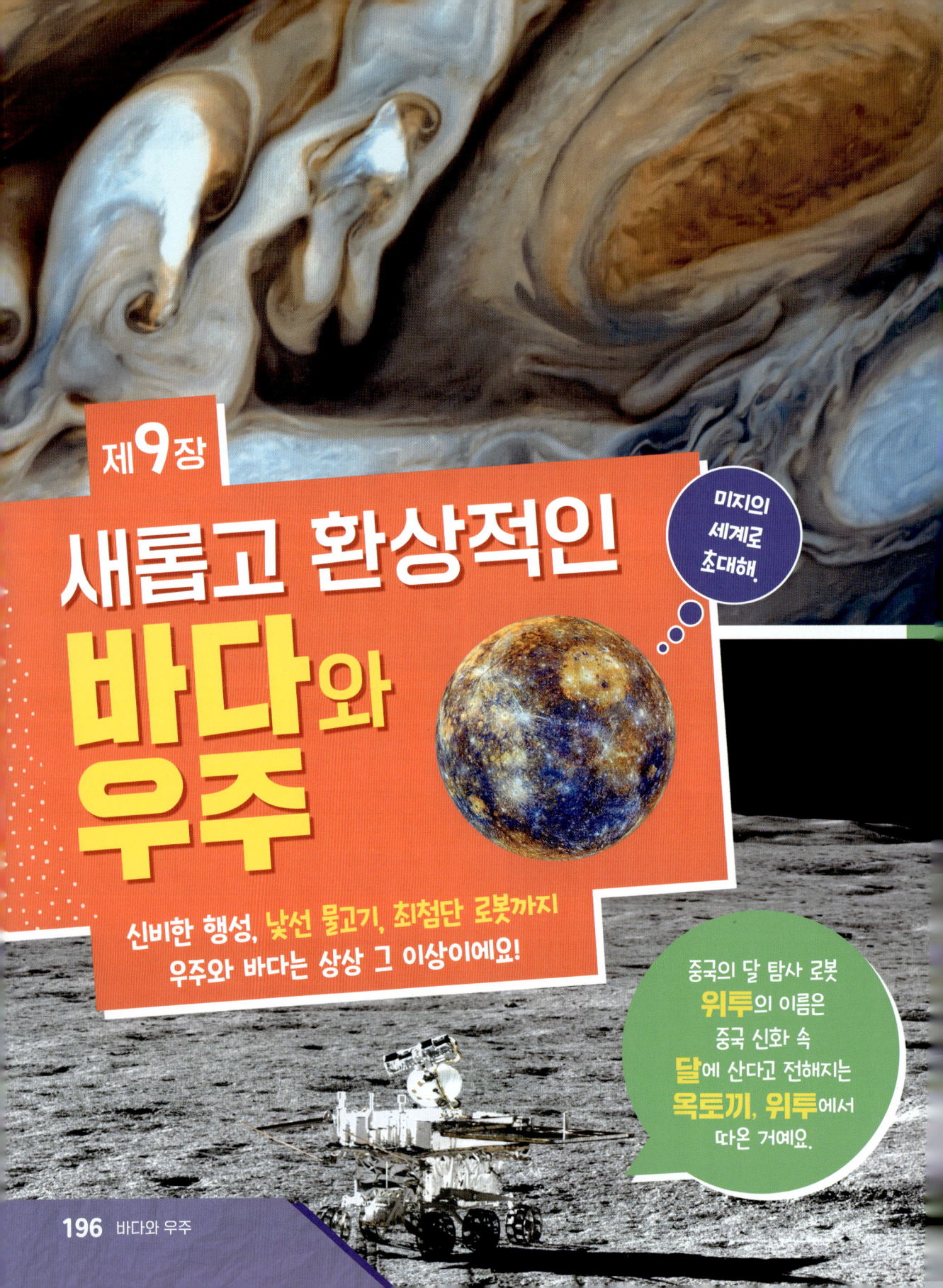

제9장

새롭고 환상적인 바다와 우주

미지의 세계로 초대해.

신비한 행성, 낯선 물고기, 최첨단 로봇까지 우주와 바다는 상상 그 이상이에요!

중국의 달 탐사 로봇 **위투**의 이름은 중국 신화 속 **달**에 산다고 전해지는 **옥토끼, 위투**에서 따온 거예요.

저비스만의 해변은 **세계에서 가장 하얀 모래**를 가진 해변으로 유명해요.

지도를 보며 알아보아요!

바다의 가장 깊고 어두운 곳부터 지구에서 수천 광년 떨어진 별과 행성까지 아직 그 누구도 다 알지 못한 신비를 찾아 떠나요!

러시아의 우주선 소유즈는 지구와 국제 우주 정거장을 오가는 우주인이다.

북극해는 지구에서 가장 작고 얕은 바다예요. 가장 북쪽에 있어서 늘 얼음으로 덮여 있지요.

별나고 괴상한 바닷속 생물들

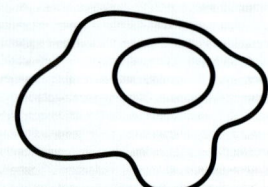

달걀프라이해파리
대서양, 지중해, 에게해

지름이 약 61센티미터까지 자라는 이 해파리는 가운데가 노른자처럼 볼록 솟아 있어서 물에 떠다니는 커다란 달걀프라이 같아요. 다행히 이 해파리의 독은 사람한테 위험하지 않아요. 게나 작은 물고기들한테도 해롭지 않아서, 오히려 이 생물들이 위험할 때 달걀프라이해파리의 촉수로 숨어들어요. 파셀로포라과에 속하는 해파리도 달걀프라이해파리라는 별명이 있지만, 좀 더 차가운 바다에서 발견돼요. 앞으로 바다에서 달걀프라이를 봐도 건드리지 마세요!

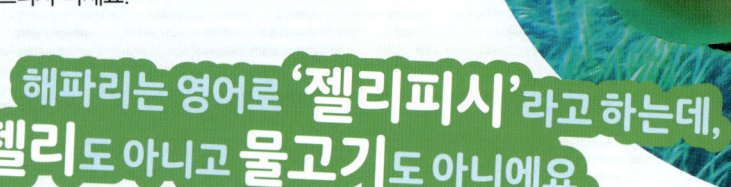

해파리는 영어로 '젤리피시'라고 하는데, 젤리도 아니고 물고기도 아니에요.

펠리컨장어
대서양, 인도양, 태평양

왜 이런 이름이 생겼는지 딱 보면 알겠죠? 커다란 입과 아래턱에 달린 주머니가 펠리컨의 부리와 닮았어요. 이 주머니는 큰 물고기를 삼킬 수 있을 정도로 크게 벌어지고, 풍선처럼 부풀릴 수도 있어요. 그래서 먹이를 통째로 주머니에 집어넣은 뒤 꿀꺽 삼켜 버린답니다. 펠리컨장어는 다른 심해 생물과 달리 눈이 아주 작아요. 몸은 가늘고 길며 75~100센티미터까지 자라지요. 꼬리 끝에는 빛을 내는 부분이 있는데, 그걸로 먹이를 유인한대요.

심해등각류
대서양, 태평양, 인도양

외계 생명체처럼 보이는 이 생물은 심해에서 사는 갑각류예요. 육지의 쥐며느리나 공벌레와 먼 친척이지요. 몸빛은 연한 분홍색이나 보라색이에요. 보통 몸길이는 8~15센티미터 정도이고, 머리, 가슴, 배로 나뉘어요. 온몸은 단단한 마디 모양 껍질로 무장했지요. 주로 산호초 근처나 바다 밑바닥에서 14개의 다리로 느릿느릿 기어다니며 가라앉은 고래, 오징어, 물고기 시체를 찾아 먹어요. 바다의 청소부 역할을 하는 셈이에요.

기이한 숲
태평양 존스턴 환초

2017년 해양 탐험가들이 태평양 수면으로부터 2.4킬로미터 아래에 있는 화산 옆에서 기이한 해면과 산호 무리를 발견했어요. 탐험가들은 이곳의 생태계를 외계 풍경에 비유하며 '기이한 숲'이라는 별명을 붙였어요. 이들은 기다란 줄기 위에 타원형 머리가 붙은 유리 해면도 발견했어요. 해면마다 눈구멍 같은 것도 두 개씩 있었어요. 이 해면은 1980년대 영화 속 캐릭터인 E.T.를 따라 'E.T. 해면'이라는 별명이 붙었어요. 태평양 마리아나 해구 근처에서만 발견되는데, 모든 E.T. 해면은 한 방향을 바라보고 있어요. 왠지 오싹하죠?

E.T. 해면의 학명은 아드베나 마그니피카예요. '굉장한 외계인'이라는 뜻이에요.

놀랍도록 특별한

오스트레일리아 뉴사우스웨일스주의 저비스만에서 푸른빛으로 반짝이는 파도가 밤의 해변을 환하게 물들여요.

이 신비한 빛은 '야광충'이라 불리는 바닷속 플랑크톤이 만드는 거예요. 평소에는 빛을 내지 않지만, 파도가 치거나 배나 물고기가 휙 지나가는 등 외부에서 자극을 받으면 몸 속에서 에너지가 생기면서 빛을 내지요. 이런 현상을 '생물발광'이라고 불러요. 저비스만뿐만 아니라 푸에르토리코의 모스키토만, 우리나라 충청남도 서천의 바다에서도 야광충이 만들어 내는 빛나는 바다를 볼 수 있어요!

빛나는 바다

오스트레일리아 저비스만

야광충의 생물 발광 현상은 바닷물이 따뜻해지는 **봄과 여름에 가장 잘 보여요.**

바다 생물의 특이한 행동

이름만 무서운 오징어

흡혈오징어는 적도 근처의 따뜻한 바다에 살아요. 이름은 무시무시한데 실제로 피를 빨지는 않아요. 주로 떠다니는 플랑크톤이나 작은 물고기의 배설물 등을 먹지요. 검붉은 몸통에 크고 푸른 눈 때문에 조금 무섭게 보이기도 하네요. 흡혈오징어는 몸통에서 빛을 낼 수 있어요. 다리 사이는 얇은 막으로 연결돼 있어서 박쥐의 날개처럼 펼칠 수 있죠. 적을 만나면 몸을 둥글게 말아서 다리에 난 가시 같은 돌기를 드러내거나 촉수 끝에서 빛을 내는 점액을 내뱉어서 스스로를 보호해요.

날아오르는 가오리

만타가오리가 날아오르는 순간만큼 멋진 광경이 있을까요? 가오리 수천 마리가 모여서 떼로 헤엄치는 광경은 어떨까요? 6월과 7월에는 멕시코 바하칼리포르니아주 앞바다에서 우아하게 헤엄치는 가오리 무리를 볼 수 있어요. 동물성 플랑크톤이 풍부한 곳이라 먹이를 찾으러 오는 것 같지만, 정확히 왜 이 지역을 지나는지 알지는 못해요. 다만, 녀석들이 뛰어오르기를 좋아한다는 건 확실해요. 1.8미터 높이까지 날아올랐다가 배로 수면을 탁 치면서 떨어지지요! 짝짓기 의식이라는 추측부터 피부의 기생충을 없애는 방법이라는 설까지 다양하지만, 이것도 확실하지는 않아요.

슬라임 놀이 시간

'슬라임 장어'라고 불리는 만큼 아마 슬라임을 잘 다루겠죠? 먹장어는 슬라임 같은 점액 물질을 쉽게 만들어 내요. 언제든지 점액을 한 양동이 가득 분비할 수 있어요. 그렇다고 먹장어 점액이 몸에 다 저장되어 있는 건 아니에요. 먹장어의 점액 물질은 99.9퍼센트가 바닷물이에요. 먹장어 몸을 따라 쭉 늘어선 100여 개의 점액샘에서 끈끈한 물질과 섬유질 타래가 나오는데, 이 분비물이 바닷물과 섞이면 순식간에 1만 배나 크게 부풀어 올라요. 먹장어는 점액질을 이용해 자신을 방어하고, 자신의 먹이를 훔치려는 물고기를 쫓아 버려요. 영리한 먹장어는 점액질에 자신이 뒤덮여 질식하지 않도록 기다란 몸으로 매듭을 짓고, 매듭을 꼬리 쪽으로 쓸어내리며 점액질을 닦아 내요.

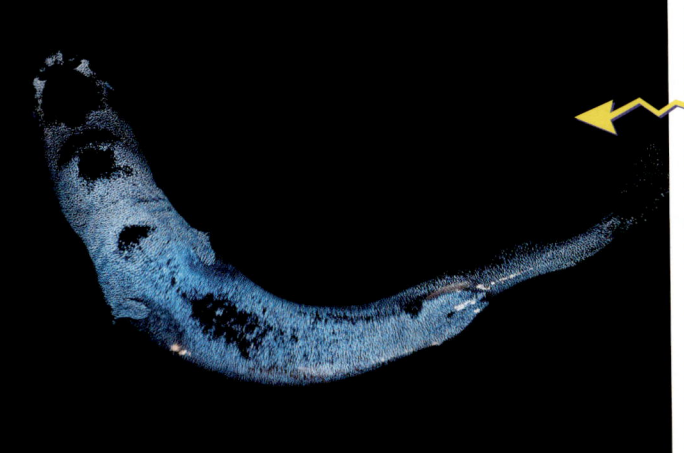

어둠에서 빛나는 상어

스스로 빛을 내는 특징을 지녔어요. 연꼬리상어 말고도 빛을 내는 상어는 또 있어요. 그중에서는 1.8미터에 달하는 연꼬리상어가 가장 커요. 녀석은 트와일라잇 지대라고 부르는 800미터 깊이에서 발견되었어요. 여기까지 닿는 빛 양이 매우 적어서, 동물은 자신의 모습을 숨길 수 있는 선에서 빛을 내요. 연꼬리상어는 아주 느리게 움직이지만, 자신보다 훨씬 더 빠른 생물들을 급습해서 잡아먹어요.

심해의 경보등

아톨라해파리는 몸통에 왕관처럼 생긴 깊은 홈이 있어요. 몸은 짙은 주황색인데 빛이 닿지 않는 심해에서는 검게 보여 적의 눈에 잘 띄지 않아요. 이 해파리의 가장 큰 특징은 위험에 처하면 몸 전체로 빠르게 깜박이는 빛을 낸다는 거예요. 적에게 다가오지 말라고 경고하는 거죠. 때로는 빛으로 자기를 위협하는 적보다 더 큰 포식자의 주의를 끌어서 적이 다른 포식자에게 잡아먹히게 만들어요. 그 틈에 자기는 재빨리 도망쳐 살아남고요. 정말 똑똑하죠?

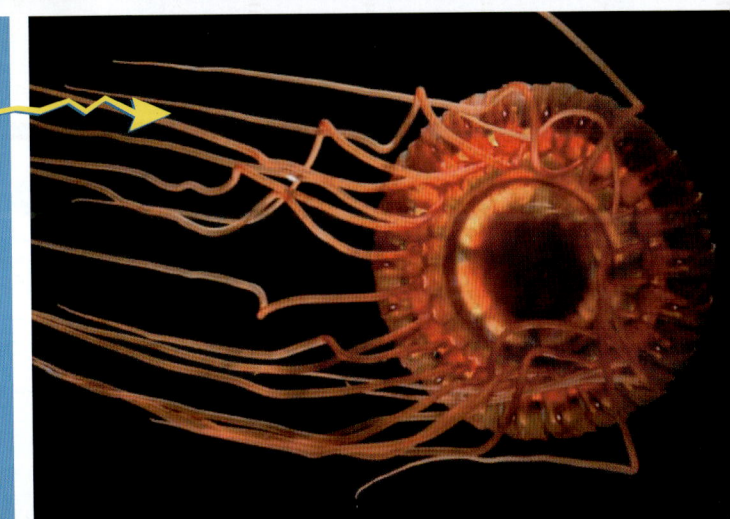

무시무시한 이빨 괴물

뱀처럼 길쭉한 몸에 괴물 같은 이빨까지! 이 괴짜 생물의 정체는 뭘까요? 바로 바이퍼피시예요. 이 물고기는 무시무시한 긴 송곳니로 먹이를 꽉 잡아 도망치지 못하게 한 뒤, 90도까지 벌어지는 큰 입으로 삼켜요. 몸이 유연하고 위가 잘 늘어나서 자기보다 큰 먹이도 문제없이 통째로 삼킬 수 있죠. 몸 옆면에 '발광포'라고 하는 빛나는 기관이 있는데요. 적에게서 몸을 숨기거나 먹이를 유인할 때 써요. 낮에는 깊은 바닷속에 있다가 밤에 배가 고프면 위로 올라가 먹이를 찾아 바다를 누벼요.

숫자로 알아볼까요?

달 탐사

달은 지구 주변을 도는 천체예요. 아주 오래전부터 사람들은 달을 바라보며 언젠가 우주로 날아가 달 위를 걷는 꿈을 꾸었지요. 그 꿈을 향한 첫걸음은 1959년, 소비에트 연방의 달 탐사선 루나 1호의 발사로 시작되었어요. 그리고 1969년, 미국의 우주 비행사 닐 암스트롱이 아폴로 11호를 타고 달에 착륙해 인류 최초로 달 위를 걸었지요. 그 뒤로도 여러 나라가 탐사선과 로봇을 달에 보내 달을 연구하고 있답니다.

지구에서 달까지 평균 거리:
약 38만 킬로미터

지금까지 달에 직접 간 우주 비행사의 수:
24명

그중 달 표면에 실제로 발을 디딘 사람의 수:
12명

인류 최초로 달에 발을 디딘
아폴로 11호의 우주 비행사 수:

3명

달 착륙에
성공한 나라 수:

5개국

소비에트 연방, 미국, 중국, 인도, 일본

우리나라가
처음 달 탐사선을 발사한 해:

2022년

탐사선 이름은 다누리예요.

여기,
치킨 배달도
되나요?

달 탐사선이 지구로 가져온
달 샘플의 양:

약 380킬로그램

로봇이 밝히는 우주의 비밀

애스트로비

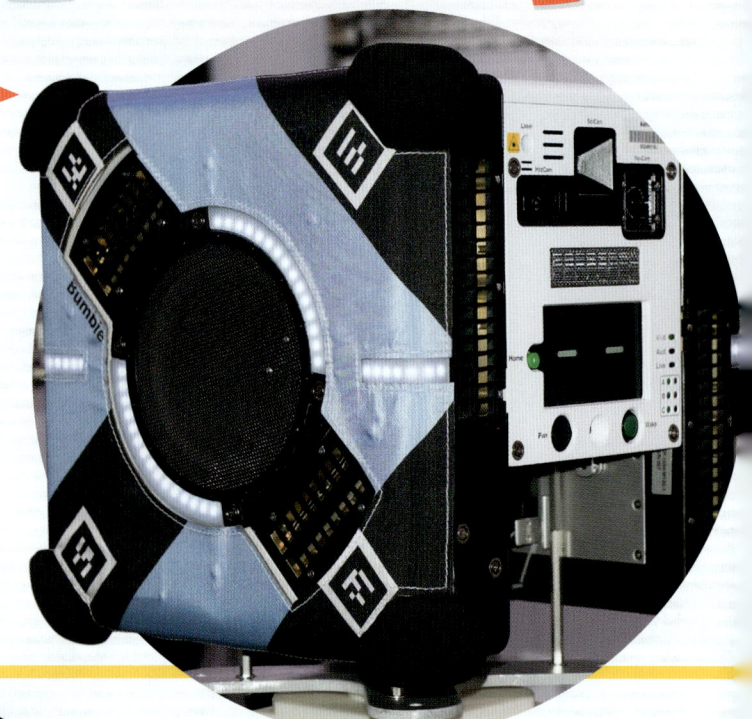

바쁘게 일하는 우주 비행사들에게는 작업할 때 도와줄 손길이 필요해요. 2019년, 허니와 범블이라는 두 로봇을 국제 우주 정거장으로 보냈고, 세 번째 로봇인 퀸이 뒤를 이었어요. 이 세 로봇이 '우주 벌'이라는 뜻의 애스트로비예요. 벌처럼 생긴 것은 아니고, 정육면체 모양이에요. 실험을 기록하거나 화물을 옮기는 일을 하도록 설계되었어요. 세 로봇은 각각 물건을 집거나 손잡이를 잡는 팔이 있어요. 전기로 날개를 돌리며 정거장 안을 날아다닐 수 있지요. 모의실험에서 이산화 탄소 수치가 위험 수준까지 올라가자 범블은 환기구를 막은 이물질을 찾아냈어요. 우주에서 한몫 톡톡히 해냈지요!

덱스터

국제 우주 정거장 바깥에 보수 작업이 필요할 때, 누굴 불러야 할까요? 바로 수리 전문 로봇인 SPDM이에요! 간단히 덱스터라고도 불러요. 덱스터는 로봇 팔인 캐나담2와 연결되어 있어요. 길이가 18.3미터나 되는 캐나담2는 국제 우주 정거장 바깥에서 물품을 옮기는 역할을 해요. 덱스터는 두 개의 팔과 함께 조명과 영상 장비, 도구를 장착하고 조작할 수 있는 플랫폼을 갖추고 있고, 배터리나 카메라 교체 같은 일을 해요. 덕분에 우주 비행사들은 우주 유영을 해야 하는 횟수가 크게 줄어들었지요. 덱스터는 미국과 캐나다의 우주 항공국에서 조종할 수 있어요. 지금까지 만들어진 가장 정교한 우주 로봇으로, 우주에서 유일하게 스스로 수리도 해요!

큐리오시티

큐리오시티는 미국 항공 우주국이 만든 화성 탐사 로봇이에요. 2011년 11월에 지구를 떠나, 2012년 8월 화성에 무사히 착륙했지요. 큐리오시티의 임무는 화성의 환경과 기후를 조사하고, 과거에 생명체가 살 수 있었는지를 알아내는 것이었어요. 땅을 파서 흙과 돌을 분석하고, 여러 대의 카메라로 사진을 찍으며, 스스로 장애물을 피할 수도 있답니다. 2013년에는 물이 흐르던 흔적이 남아 있는 고대 호수 바닥을 발견해 화성에도 생명체가 살았을 수 있다는 단서를 제공했어요. 또 화성의 얇은 대기 속에서 메테인 가스를 발견하기도 했는데, 이는 생명 활동의 흔적일 수도 있어 과학자들의 관심을 모았지요. 원래 계획은 2년 동안 탐사하는 것이었지만, 큐리오시티는 지금까지도 계속 움직이며 화성에 대한 귀중한 정보를 보내 주고 있어요.

큐리오시티는 **셀카**도 찍을 수 있어요. 이 사진도 직접 찍은 거랍니다!

위투

중국이 만든 달 탐사 로봇이에요. 2013년에는 위투 1호가, 2019년에는 위투 2호가 발사되었어요. 특히 위투 2호는 로봇 탐사 최초로 달의 뒷면에 착륙했어요. 지구에서는 볼 수 없는 달 뒷면을 탐사하며 토양을 분석하고, 달의 속을 들여다보는 레이더로 최대 40미터 깊이의 층을 조사했지요. 처음에는 단 3개월만 탐사할 예정이었지만, 놀랍게도 지금까지 달 위를 누비며 약 1500미터 이상을 이동했어요. 탐사 도중 '달의 집'처럼 보이는 바위를 발견해 세계적인 화제가 되기도 했지요.

아주 머나먼 은하계!

거품 성운

비눗방울 공연가가 거품 성운을 보면 엄청 부러워할 거예요. 거품 지름이 7광년이거든요! 1광년은 빛이 1년 동안 가는 거리로, 약 9조 킬로미터예요. 거품 성운은 지구에서 7100광년 떨어져 있는데, 1787년에 천문학자 윌리엄 허셜이 자신의 망원경으로 발견했어요. 이 성운에는 밝은 별이 있어요. 나이는 약 400만 살이고 태양보다 45배 더 커요. 또 엄청나게 뜨거워서 대기의 가스가 항성풍으로 변해요. 이 강력한 바람은 시속 640만 킬로미터 이상으로 이동하여 성운 껍질을 팽창시켜요. 별이 초신성으로 폭발할 때 거품도 터질 거예요. 하지만 그런 일이 일어나려면 앞으로 1000만~2000만 년은 더 지나야 해요.

게 성운

1054년, 중국 천문학자들이 새로운 별을 발견했어요. 그 별은 3주 넘게 낮 동안 보였어요. 사실 그들이 본 것은 팽창하는 가스와 먼지 속에서 폭발하는 초신성이었고, 그 잔해가 바로 게 성운이에요. 게 성운은 지구에서 6500광년 떨어져 있지만, 쌍안경으로 볼 수 있을 만큼 아주 커요. 초신성 폭발 후에 생긴 중성자별은 성운 중심부에서 1초에 30번씩 빠르게 회전하며 푸른빛을 띠어요. 중성자별은 회전할 때 방사선 두 줄기를 방출하여 마치 맥박이 뛰는 것처럼 보여요. 꼭 우주의 등대처럼요!

오리온의 허리띠

오리온성운은 오리온자리 허리에 있는 가장 밝은 세 별의 한가운데에 있어요. 맨눈으로 보면 희미한 별처럼 보이지만, 사실은 지구의 밤하늘에서 볼 수 있는 가장 밝은 성운 중 하나로, 수많은 가스와 먼지가 모여 끊임없이 새로운 별이 태어나는 곳이에요. 지구에서 가장 가까운 별 탄생 구역이지요.

별의 마지막 날갯짓

나비 날개 모양의 화려한 빛이 우주에 펼쳐졌어요. 나비와 닮아서 나비 성운이라는 이름이 붙었지요. 성운의 한가운데에는 크기가 지구만 한 아주 뜨거운 별, 백색 왜성이 있어요. 이 별이 죽음을 맞으며 마지막으로 내보낸 강한 자외선과 에너지가 주변의 가스와 먼지를 밝게 비추어 날개 모양의 빛을 만든 거예요. 과학자들은 나비 성운을 통해 별이 어떻게 죽고, 또 그 과정이 다른 별과 우주에 어떤 영향을 주는지를 연구하고 있답니다.

거대한 말머리

오리온자리에 있는 어둡고 거대한 가스 구름은 말의 머리를 닮아 말머리 성운이라는 이름을 얻었어요. 차가운 가스와 먼지가 빽빽하게 모여 만든 구름이 뒤쪽에서 밝게 빛나는 성운을 가려 마치 커다란 그림자처럼 보이지요. 하지만 이 구름 속에서는 가스와 먼지가 중력에 이끌려 모여들며 새로운 별들이 태어나고 있어요. 말은 안 태어나고, 별만 태어나는 곳이지요!

우주를 빛내는 모자

처녀자리에 있는 이 천체는 멕시코 전통 모자인 솜브레로를 닮아 솜브레로 은하라고 불려요. 가운데 밝고 둥근 빛 사이를 가로지르는 어두운 먼지 띠가 독특한 모습을 만들어 내지요. 우주에서 가장 아름다운 은하 중 하나로 꼽혀요.

불타는 모래시계

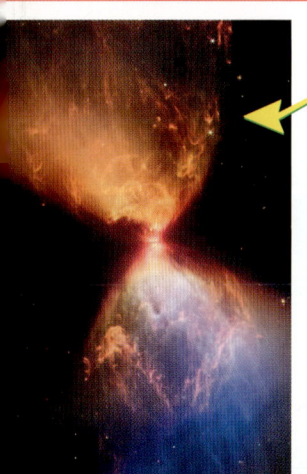

제임스 웹 우주 망원경이 별이 태어나는 광경을 포착했어요. 모래시계 형태의 이것은 한가운데 원시별이 있고, 그 별 위아래로 빛이 나와요. 곧 별이 될 초기 단계의 원시별은 거대한 가스 덩어리예요. 이 사진은 망원경의 근적외선 카메라로 찍었어요. 가스 구름 색깔은 눈으로 볼 수 없고, 적외선으로만 볼 수 있거든요. 맨 아랫부분은 먼지가 적어서 파란색을 띠어요. 원시별 이름은 L1527이고, 10만 살쯤 되었어요. 우리 태양계의 태양이 45억 살쯤인 걸 생각하면 아주 어린 별이지요. L1527도 나중에 자신만의 태양계를 가질 거예요.

판타스틱 놀라운 세계 정보

행성들에 관한

해왕성에서 부는 바람의 속도는 시속 2000킬로미터가 넘어요. 소리의 속도보다 약 1.5배 더 빠른 거예요.

수성은 태양계에서 가장 작은 행성이에요. 그런데 점점 더 작아지고 있어요.

금성은 태양계에서 가장 밝은 행성이에요. 맨눈으로도 쉽게 볼 수 있지요.

해왕성 너머 태양계의 가장 바깥쪽에는 태양계를 껍질처럼 감싸는 오르트구름이 있어요. 엄청나게 많은 얼음덩어리들이 떠다니는 곳으로 혜성의 고향이지요.

목성에는 지구보다 큰 거대한 폭풍인 대적점이 있었어요.

천문학적으로 놀라운 사실들

토성은 태양계에서 두 번째로 큰 행성이지만, 수소와 헬륨 등으로 이루어진 가스 행성이라 아주 가벼워요.

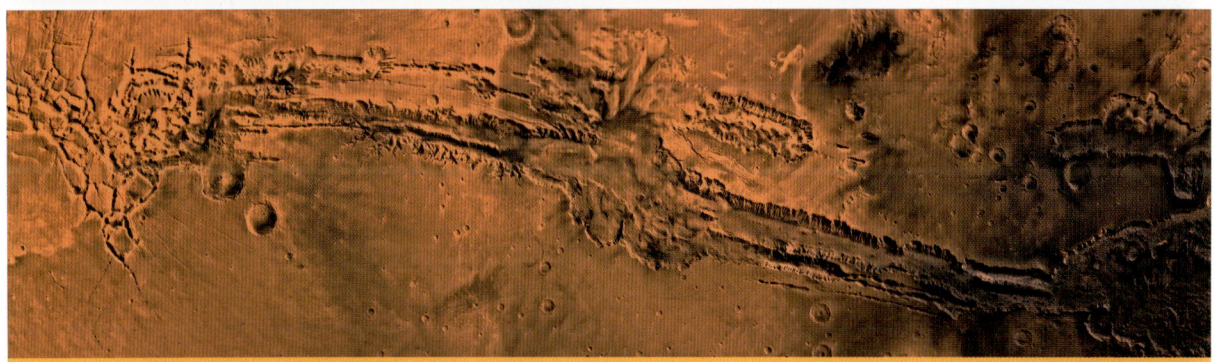

화성에는 길이가 무려 약 4000킬로미터인 태양계에서 가장 긴 계곡, 매리너 계곡이 있어요. 몇몇 과학자들은 이곳이 과거에 화성에서 물이 흘렀던 흔적이라고 생각해요.

천왕성은 태양계에서 가장 차가운 행성이에요. 최저 기온이 섭씨 영하 224도지요.

태양계 바깥의 행성들은 외계 행성이라고 불러요.

목성은 지구가 1300개 이상 모인 만큼 커요.

깜짝 퀴즈

신비한 바다와 우주여행,
재미있었나요?
이제 얼마나 기억하고 있는지 퀴즈로 확인해 봐요.

1 다음 중 흡혈오징어에 대한 설명 중 알맞은 것은?
a. 먹이의 피를 빨아 먹는다.
b. 몸 색깔이 투명하다.
c. 스스로 빛을 낼 수 있다.
d. 눈이 없다.

2 심해 밑바닥에서 뜨거운 물과 기체가 솟아 나오는 구멍을 부르는 말은?
a. 열수분출공
b. 옹달샘
c. 용암 호수
d. 빙하

3 생물이 몸속 에너지를 사용해 빛을 내는 현상은?
a. 생물 깜박
b. 생물 반짝
c. 생물 반사
d. 생물 발광

말머리 성운은 어디에 있나요?
a. 처녀자리
b. 오르트구름
c. 솜브레로 은하
d. 오리온자리

 천왕성의 최저 기온은?
a. 0도
b. 영하 10도
c. 영하 100도
d. 영하 224도

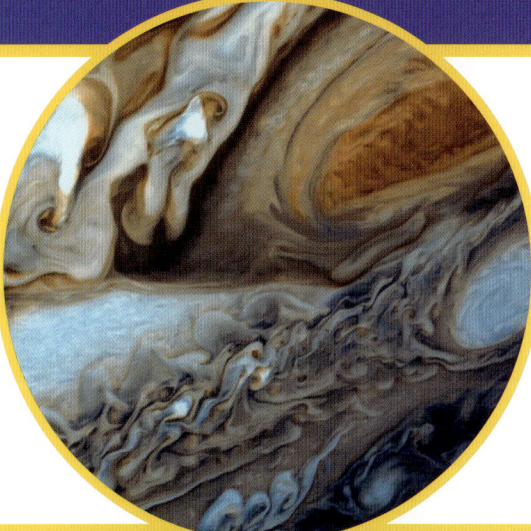

 목성의 대적점은 무엇일까요?
a. 거대한 협곡
b. 계속되는 폭풍우
c. 물이 흘렀던 자국
d. 얼음이 있는 곳

 다음 중 큐리오시티에 대한 설명 중 틀린 것은?
a. 화성 탐사 로봇이다.
b. 미국 항공 우주국이 만들었다.
c. 셀카를 찍을 수 있다.
d. 지금은 지구로 돌아왔다.

 지금까지 달에 직접 간 우주 비행사의 수는?
a. 3명
b. 10명
c. 24명
d. 59명

정답: ①c, ②a, ③d, ④d, ⑤d, ⑥b, ⑦d, ⑧c

찾아보기

UFO 22

ㄱ

가리섬 119
가스 행성 213
가시두더지 121
가오리 29, 204
가젤 136, 140
각질 33
감자튀김 15
감천문화마을 42
강원도 태백시 52
개성 14
거미원숭이 111
거품 성운 210
검은비개구리 136
게 성운 210
게디 유적 152
게레누크 136
결투하는 공룡 81
경복 44
경복궁 44, 158
경상북도 경주시 52
경회루 44
계단이 이어 주는 교실 16
고블린 계곡 76
고비 사막 38
고양이 15, 41
곰팡이 35, 189
공기 33
공룡 알 67
공작 43

공작거미 26
광년 210
광부의 모자 부동산 71
광화문 44
구름 쓰나미 34
구문소 52
구세주 그리스도상 92
구아노 101
국제 UFO 박물관 및 연구 센터 22
국회 의사당 126
군대 36
군사 시설 36
군악대 57
그란 아부엘로 106
그란 토레 산티아고 109
그랜드 캐니언 78
그레이트 블루홀 65
그레이트 짐바브웨 152
그로스 몬 국립 공원 64
그린 스쿨 17
그린란드 29, 75
금성 212
기벨룰라 아텐보로이 35
기생충 박물관 58
기이한 숲 201
김치 박물관 59
꼬마홍학 133, 146
꽁지깃 43

ㄴ

나무 요정 나방 74
나무늘보 110

나비 성운 211
나선형 계단 16
나트론 호수 146
난초벌 102
남부땅코뿔새 136
남한 36
낮잠 18
누 140, 141
눈 괴물 28
눈 32
뉴 안데스 건축 양식 108
니우에 118
니테로이 현대 미술관 109
닐 암스트롱 206

ㄷ

다나킬 사막 144, 147
다슈화 57
달 분화구 73
달 탐사 206
달걀프라이해파리 200
대나무 17
대나무로 만든 녹색 학교 17
대적점 212
덱스터 208
두루마리구름 34
두루미 40
둥둥 떠 있는 학교 17
드래곤스 블러드 107
디야 램프 56
디왈리 56
디즈니 월드 64

ㄹ

라 마노 91
라마 110
라면 박물관 20
라스올라스 호스텔 97
레소 69
로즈웰 22
로키산맥 82
루나 1호 206
루빅큐브 19

ㅁ

마그마 73, 145
마늘 41
마다가스카르 135
마라톤 19
마사이마라 국립 공원 140
마추픽추 89, 99
만장 53
만장굴 53
만타가오리 204
말머리 성운 211
매리너 계곡 213
매머드 고기 통조림 67
매운 음식의 날 14
매운맛 14
머리카락 박물관 58
먹장어 204
메구로 기생충관 58
메리강거북 129
명절 45

모뉴먼트 밸리 84
모레인 호수 82
모체 문명 101
목성 212, 213
몬테베르데 운무림 65
몽골야생말 38
물속에 잠긴 박물관 21
뮤지엄 김치간 59
므두셀라 106
미국 항공 우주국 18, 35, 199, 209
미라가 잠든 박물관 20
미확인 비행 물체 22

ㅂ

바나나민달팽이 63, 75
바위너구리 135
바이퍼피시 205
박싱 데이 19
발 18
방귀 33
배꼽 122
밴프 국립 공원 83
버팔로 140
베마라하 칭기 국립 공원 150
벨루가 75
보틀 하우스 70
부르즈 할리파 54
부파티의 보라색 개구리 46
북극곰 35
북극해 198
북한 36
불상 52

브라바 해변 91
블랙커피 138
블랙홀 199
블루 코너 118
블루홀 118
비누 15
비닐봉지 15
비무장 지대 36, 40, 53
비하이브 126
빅토리아 아마조니카 107
빅토리아 폭포 135
빙하 29, 35, 82
빵 축제 56

ㅅ

사니 패스 145
사올라 41

찾아보기

사자 140
사하라 사막 134
사해 38, 139
산타클로스 15
생각 32
생물 발광 202, 203
석굴 52
석굴암 52
설 45
세계 고양이의 날 15
세계 마약 퇴치의 날 18
세계 모어의 날 14
세렝게티 국립 공원 140
세상 끝 기차 96
세추라 사막 101
셀레스테강 72
셀카의 날 14
셀프 카메라 14
소금 평원 147
소금 호수 38, 147
소원 배 43
소우마야 미술관 70
소유즈 198
손 씻기의 날 15
솔라 오비터 30
솜브레로 은하 211
수 80
수련 107
수빙 28
수성 212
수액 107
스네루프왕의 굴절 피라미드 149
스미스 대저택 71

스튜디오 16
스팀펑크 HQ 124
스핑크스 호텔 127
스핑크스 149
시드니 오페라 하우스 114, 128
시력 26
시에라네바다산맥 75
심해등각류 201

ㅇ

아나콘다 111
아담의 달력 153
아드베나 마그니피카 201
아랍 에미리트 두바이 54
아르타 알레 144
아마냥 박물관 108
아마존 열대 우림 104
아마존강돌고래 110
아시아의 유니콘 41
아톨라해파리 205
아폴로 11호 206, 207
아프리카가시거북 137
아프리카의 유니콘 134
아홀로틀 74
악마들이 모여 사는 박물관 21
악마의 말뚝 73
악마의 목구멍 94
악마의 수영장 144
악숨 유적 153
안데스산맥 99
안데스콘도르 111
안도 모모후쿠 20

안타나스 즈무이지나비추스 21
알파벳 18
앙코르 와트 37, 48
애스트로비 208
야광충 202, 203
야생 낙타 117
야생 동물 보호 구역 53
야수르 화산 128
얼룩말 140, 141
에뮤 121
에우드리아스 그라타 74
에이즈 록 122
에코 파크 타임 트래블 마트 67
에티오피아 19
엘 아테네오 그랜드 스플렌디드 98
연꼬리상어 205
열수분출공 199
염기성 146
영상 편집실 16
예제로 크레이터 35
오두막 126
오디토리오 지하철역 67

218

오랑우탄 39
오르트구름 212
오리너구리 120, 121
오리온성운 210
오리온자리 210, 211
오사카 20
오스트레일리아 26, 27
오카피 134
오파비니아 80
올도이뇨 렝가이 화산 145
올림픽 139
올빼미나비 103
와이오타푸 지열 지대 117
왁스테일드 리프호퍼 103
외계 생명체 22, 35
외계 행성 213
요코하마 20
용암 동굴 53
용암 석주 53
용암 종유 53
용의 피 107
우는긴털아르마딜로 93
우유 바다 휘젓기 부조 49
우유니 소금 사막 93
우주 비행사 206
울루루 122
원숭이의 발 서점 66
원주율 14
웜뱃 121
위투 196, 209
유리개구리 24
유황 42
육상 선수 139

음향실 16
의장대 57
이구아수 폭포 94
이에르베 엘 아구아 68
이퀄 플레잉 필드 재단 139
이타이푸댐 91
인사노 97
인티와타나 99
일본청개구리 47
일제 강점기 45
일회용 비닐봉지 없는 날 15
임진왜란 45
잉카 문명 101
잉카 제국 99
잎꾼개미 102

자연 보호 구역 53
자오산 28
작은발톱수달 47
저먼 채널 118
저비스만 197, 202
제이슨 테일러 21
제임스 웹 우주 망원경 211
제주도 53, 78
젤리피시 200
조세르 피라미드 132, 149
종이 동물 조형물 40
종이봉투 15
죽음의 바다 38
쥐라기 공원 124
지구의 허파 104

지속 가능한 삶 17
지파키라 소금 대성당 90
지하 도시 69
진해 군항제 57
진흙 벽돌 피라미드 101
짜장면 먹는 날 14
짝짝이 신발의 날 14

챗GPT 34
천둥소리 내는 연기 135
천연기념물 40
천왕성 213
첨단 장비 149
추석 45
축구 91, 139
치펨벨레 138
친초로 미라 100
친환경 시멘트 21
칠레 91

카사푸에블로 96
카와이젠 화산 42
카우나스 21
카이밥다람쥐 79
카카오나무 105
카카포 116
카푸친 수도원 20
카프레왕 피라미드 149
카피바라 110

219

찾아보기

칸쿤 해양 국립 공원 21
칼날의 숲 150
캄보디아 37, 48
캐나다 허드슨만 35
캥거루 120
커피 91
컵라면 20
코끼리땃쥐 137
코알라 115, 125
콜로라도강 78
쿠앙시 폭포 50, 51
쿠푸왕의 대피라미드 148
쿼카 121
큐리오시티 209
크로톤 레클레리 107
크루드래곤 199
큰귀여우 137
큰코영양 46
키위 120
킬리만자로산 139

ㅌ

타가 하우스 127
타이탄하늘소 103
탄산염 용암 145
태양의 극지방 30
태양의 신전 99
태즈메이니아 데빌 121
테오티우아칸 65
토르의 우물 85
토성 213
톤레사프호 17

퇴비 17
트로나 피너클스 66
트리케라톱스 81
틀라톨로푸스 갈로룸 81
티라노사우루스 렉스 63, 80, 81
티티카카 호수 90

ㅍ

파리쿠틴 화산 72
파이의 날 14
파인애플 미로 119
파카야 피자 84
파타고니아 92
파타고니아 사막 100
파푸아 뉴기니 116
팔라우 118
팔레 126
패스트푸드 15
퍼서비어런스호 35
퍼시 마이멜라 138
펠리컨장어 200
푸른발얼가니새 90
푸야 라이몬디 106
피라미드 148
피시 리버 캐니언 143
피시강 142

ㅎ

하품 32
한복 45
핫도그 15

해군기지사령부 57
해군사관학교 57
해왕성 212
해적 15
해적처럼 말하는 날 15
해파리 호수 129
햄버거 15
헤라클레스장수풍뎅이 89, 102
호르무즈섬 34
호아친 25
호이안 등불 축제 43
홉킨스장미갯민숭달팽이 25
화성 35, 209, 213
화장실 박물관 59
환경 17
활화산 128, 185
황제펭귄 29, 183, 188
후후딱정벌레 120
훔볼트펭귄 101
흉내문어 25
흑색증 29
흡혈오징어 204
흰개미 103
히말라야산맥 39, 41
힐리어 호수 117

사진 저작권

Doodles and icons (unless otherwise noted), Dynamo Limited. NG=National Geographic; SS=Shutterstock; WC=Wikimedia Commons; FL=Flickr; FP=Freepik; PB=Pixabay; AD=Adobe Stock; AL=Alamy Stock Photo; GI=Getty Images; IS=iStockphoto

Front Cover: (blue craft paper texture) K.N.V./SS; (orange paper texture) Luria/SS; (vector world tourist attractions) Katsiaryna Pleshakova/SS; (owl) Pi-R photos/SS; (Tutankhamun) BOOCYS/SS; (hot air balloon) Andy Dean Photography/SS; (astronaut) robert_s/SS; (popcorn) Minakryn Ruslan/SS; (Mercury) Elena11/SS; Front Cover Flap: (Angkor Wat) Oleskaus/SS; (Grand Canyon) PHOTOGRAPHY IS ON/SS; (Machu Picchu) Radostina Boyadjieva/SS; (Great Pyramid of Khufu) Sam.Ph11/SS; (kangaroo) EagleEye Photos/SS; (Colosseum) djedj/PB; (Aurora Australis) Adam C. Jones/SS; Back Cover: (경복궁 근정전) Hao_Stocker/SS; (axolotl) ARM001/NG; (Serengeti) David Rius Serra/SS; (Tomatina Festival) flydime/WC; (eagle) FloridaStock/SS; FRONT MATTER: 1, (owl) Pi-R photos/SS; 3, (astronaut) robert_s/SS; 4, (crane) Marty Oishi/SS; 5, (Machu Picchu) Marty Oishi/SS; (puppy) Dora Zett/SS; (light bulb icon) freepik/freepik/SS; 6, (Duomo di Milano) Noppasin Wongchum/SS; (okapi) Richard G Smith/SS; 7, (hydrothermal vent) Gallwis/SS; (alien icon) Invision Frame/SS; (gentoo penguin) Mystic Stock Photography/SS; (wave icon) Nasih Afidin/SS; 8, (UP) EagleEye Photos/SS; (LO LE) Zack Frank/SS; (LO RT) PaniYani/SS; 9, (UP) Tech. Sgt. Andrew Burdette/WC; (LO) croisy/PB; 10, (UP) Boyloso/SS; (CTR) MrAhmad12/SS; (LO) FtLaud/SS; 11, (UP LE) Soonthorn Wongsaita/SS; (UP CTR) Dashu Xinganling/SS; (UP RT) Maiconfz/SS; (CTR) trabantos/SS; CHAPTER 1: 12, (UP) trabantos/SS; (LO LE) Thierry Eidenweil/SS; (LO RT) joseph-efe/SS; 13, (UP LE) Aquarius Traveller/SS; (UP RT) wal_172619/SS; (LO LE) Dashu Xinganling/SS; (LO RT) Blurz/SS; 14, (UP LE) Valentyn Volkov/SS; (UP RT) tabosan/SS; (CTR LE) Vwb23/SS; (CTR RT) eyespeak/SS; (LO LE) mnimage/SS; (LO CTR) freepik/freepik; (LO RT) Stock-Asso/SS; 15, (UP LE) ChBsc/SS; (UP RT) Dzha33/SS; (CTR UP) Buch and Bee/SS; (CTR LE) Yellow Cat/SS; (CTR LO) Kahlea Photography/SS; (LO RT) Ground Picture/SS; 16, (LO LE) Dawm/WC; (LO RT) freepik/freepik; 17, (UP LE) freepik/freepik; (UP RT) RoadTripWarrior/SS; (LO LE) 準建築人手札網站 Forgemind ArchiMedia/WC; (LO RT) freepik; 18, (UP LE) Anastasia Kamysheva/SS; (UP RT) New Africa/SS; (CTR) Joe994/SS; (LO LE) Demetrio Media/SS; (LO CTR) juicy_fish/freepik; (LO RT) 2424541253/SS; 19, (UP LE) wal_172619/PB; (UP RT) SeventyFour/SS; (LO LE) croisy/SS; (LO CTR) Vfintarts/PB; (LO RT) Agrus/SS; 20, (TOP) flatart/freepik; (UP LE) MarcelClemens/SS; (UP RT) mhatzapa/SS; (CTR) freepik/freepik; (LO RT) CEFICEFI/WC; 21, (UP LE) Aquarius Traveller/SS; (CTR) lyolya_profitrolya/freepik; (LO RT) Doyle of London/WC; 22, (TOP) flatart/freepik; (CTR LE) AllenS/WC; (LO LE) Myotus/WC; (LO RT) Leo Boudreau/FL; 23, (UP) AllenS/WC; (LO LE) Blurz/WC; (LO RT) Zack Frank/SS; 24, (TOP) ibrandify/freepik; (UP RT) Sapodorado26/SS; (LO) DCreator508/SS; 25, (UP) Thierry Eidenweil/SS; (CTR RT) Tory Kallman/SS; (LO) Wirestock Creators/SS; 26, (TOP) ibrandify/freepik; (UP LE) Simon Mustoe/SS; (LO) joseph-efe/SS; 27, (UP) Simon Mustoe/SS; (LO) freepik/freepik; 28, (TOP) CAPToro/SS; (LO) naturepicture_rika/SS; 29, (UP) PeterVermont/FL; (CTR) KenjenKao/SS; (LO) Michal Balada/SS; 30, (TOP) CAPToro/SS; (CTR) kinder my/SS; (LO) European Space Agency/WC; 31, European Space Agency/WC; (LO LE) NASA/WC; 32, (UP LE) DreamStockIcons/SS; (UP RT) ViDI Studio/SS; (CTR) Yuliya Chsherbakova/SS; (LO LE, RT) Gopal3366/SS; (LO CTR) arthierry/SS; 33, (UP) Josep Curto/SS; (CTR RT) Frank Heikkinen/SS; (CTR LE) Ainul muttaqin/SS; (LO) pui_bunny/SS; 34, (TOP) T-Kot/SS; (UP RT) Andrea Lehotska/SS; (CTR) Heute/Heute; (LO LE) Shutterstock AI Generator/SS; 35, (UP) NASA/WC; (CTR) Pavaphon Supanantananont/SS; (LO) knelson20/SS; CHAPTER 2: 36, (UP) Oleskaus/SS; (LO) Dileep Kumar Kandula/SS; (LO RT) Lukas Gojda/SS; 37, (LO LE) Pixabay Content License/PB; (UP RT) Sean Hsu/SS; (LO) PKphotograph/SS; 38, (LE) xamnesiacx84/SS; (RT) mariait/SS; (sea icon) Malenkka/SS; 39, (LE) Eleseus/SS; (RT) lukaszemanphoto/SS; (horse icon) Vsevolod Udanov/SS; 40, (UP LE) Marty Oishi/SS; (UP RT) asharkyu/SS; (LO) Cathy Keifer/AD; 41, (UP) Bruyu/SS; (LO) PaniYani/SS; 42, (UP) Sean Hsu/SS; (CTR) (CTR) Oliver Grunewald; (LO) pszabo/AD; 43, (UP) Hien Phung Thu/SS; (LO) ANNE B. KEISER/NG; 44, (UP) john901/SS; (CTR LE) john901/SS; (CTR RT) Digi Vectors/SS; (LO RT) Ginlimone/SS; 45, (UP) 국가유산청 궁능유적본부; (CTR) edward_kim/SS; (LO) PKphotograph/SS; 46, (UP) Sandesh Kadur/Nature Picture Library; (LO) rostovdriver/AD; 47, (UP) Lee waranyu/SS; (LO) RogerMechan/SS; 48-49, Oleskaus/SS; 49, (UP) Igor Zuikov/SS; 50-51, 794799298/SS; 51, (LO) Supatsorn Innarong/SS; 52, (UP LE) cstrike/SS; (LO RT) Pixabay Content License/PB; 53, (UP) Dileep Kumar Kandula/SS; (LO LE) Johnathan21/SS; 54-55, Lukas Gojda/SS; 56, (UP) Wang Sing/SS; (CTR) alan/AD; (LO) Rayhan Ahmed/pexels; 57, (UP) PKphotograph/SS; (LO) Xinhua/SS; 58, (UP) Guilhem Vellut/WC; (LO) Brusini Aurélien/hemis.f/AL; 59, (UP) Hemant Chawla/The India Today Group/GI; (LO) yuyugreen/FL; 60, (UP) colnihko/SS; (LO LE) tinymuaz/SS; (LO RT) Thanachai Sangduan/SS; 61, (UP LE) EwaStudio/AD; (UP RT) PHOTOOBJECT/SS; (CTR) motaztawfik/PB; (LO LE) Fabio Achilli/WC; (LO RT) Sean Hsu/SS; CHAPTER 3: 62, (UP) Skreidzeleu/SS; (CTR) retsel/SS; (LO LE) ARM001/NG; (LO RT) Tech. Sgt. Andrew Burdette/WC; 63, (UP LE) Iv-olga/SS; (UP CTR) Rigel V/SS; (RT) A Disappearing Act/WC; (LO) Evolutionnumber9/WC; 64, (LE) Manamana/SS; (CTR) Russ Heinl/SS; (RT) Tech. Sgt. Andrew Burdette/WC; 65, (LE) Globe Guide Media Inc/SS; (CTR) Polimerek/WC; (RT) JurateBuiviene/SS; 66, (UP) Craig Small/WC; (LO) Jay Walter Parial Aspiras/SS; 67, (UP) Jeffrey Isaac Greenberg 18+/AL; (LO) Time Travel Mart; 68, Anduin82/IS/ GI; (inset) LindaPhotography/AD; 69, oscitare/WC; 70, (UP) José Luiz Bernardes Ribeiro/WC; (LO) MdIbrahimSharif69968/SS; (RT) A Disappearing Act/WC; 71, (UP) Jon Roanhaus/WC; (CRT) Gopal3366/SS; 45 (LO) Todd Strand/AL; (LO LE) Rubi Rodriguez Martinez/SS; (LO) Dudarev Mikhail/AD; 73, (UP) Krzysztof Wiktor/AD; (LO) Png Studio Photography; 74, (UP) ARM001/NG; (CTR) danielleprice photography/SS; (LO) Sarah L. Caputo/AD; 75, (UP) Christopher Meder/SS; (LO) Iv-olga/SS; 76-77, kavram/SS; 78, (UP) Skreidzeleu/SS; (CTR) PHOTOGRAPHY IS ON/SS; (LO LE) Omer Faruk/SS; (LO RT) Iphoto7788/SS; 79, (UP) Rigel V/SS; (CTR LE) retsel/SS; (CTR UP) Rigel V/SS; (CTR LO) Anna Bova/SS; (LO RT) Michael Andrew Just/SS; 80, (UP) Evolutionnumber9/WC; (LO LE) FLHC24/AL; (LO CTR) Catmando/AD; (LO RT) dottedyeti/AD; 81 (UP) Seth Wenig/AP Photo; (CTR) Cesar Diaz/WC; (LO RT) Levi Martinez-Reza/WC; 82-83, Weidman Photography/SS; 84, (UP LE) Johan Ordonez/AFP/GI; (UP RT) Johan Ordonez/AFP/GI; (LO) Ikunl/SS; 85, (UP) Katrina Brown/AD; (LO) miguelnaranjo/SS; 86, (UP LE) Africa Studio/AD; (CTR RT) Rawpixel.com/SS; (LO RT) Yisar Andrianus/SS; 87, (UP RT) Fordham Dabney/SS; (CTR LE) Randy McDonald/SS; (CTR RT) Time Travel Mart; (LO) A Disappearing Act/WC; (LO RT) Skreidzeleu/SS; CHAPTER 4: 88, (UP) Donatas Dabravolskas/WC; (CTR) BearFotos/SS; (LO LE) PHOTOGRAPHY IS ON/SS; (LO RT) Sara Winter/SS; 89, (UP) seree.t/SS; (CTR) fukushima_insectarium/SS; (LO) Radostina Boyadjieva/SS; 90, (LE) Agami Photo Agency/SS; (socks) Combotec/SS; (LO LE) Felix Lipov/SS; (RT) Kevin Massicotte/SS; 91, (LE UP) Ton Ponchai/SS; (LE LO) Jose Luis Stephens/SS; (RT UP) gresei/SS; (RT LO) Luis Felipe Roedel/SS; 92, (UP) Donatas Dabravolskas/WC; (LO LE) NOWAK LUKASZ/SS; (LO RT) Naeemphotographer2/SS; 93, (UP) dieguicha/SS; (CTR) Sara Winter/SS; (LO) Eastmanphoto/Dreamstime; 94-95, Paulo Nabas/SS; (insert) Gabor Kovacs Photography/SS; 96, (UP) felipe_petry/SS; (LO) Procy/SS; 97, (UP) Luciene Lacerda/SS; (LO) Boggy/Dreamstime; 99, Radostina Boyadjieva/SS; 100, (UP) cristianzenon/SS; (LO) CSNafzger/SS; 101, (UP) Jeremy Richards/SS; (LO) Craig Lovell/Avalon; 102, (UP) Chien Lee/Minden Pictures; (CTR) fukushima_insectarium/SS;

222

지은이 내셔널지오그래픽 키즈

내셔널지오그래픽 협회는 1888년에 설립되어 130년 넘게 우리를 둘러싼 지구를 이해하기 위한 여러 가지 프로젝트를 실행하고 있어요. 연구 프로젝트를 지원하며 탐험과 발견을 돕고 잡지와 책을 펴내지요. 내셔널지오그래픽 매거진은 매달 28개국에서 23개의 언어로 수백만 명의 독자와 만나요. 어린이 출판 브랜드인 내셔널지오그래픽 키즈는 과학, 모험, 탐험 콘텐츠를 독보적인 수준의 사진 자료와 함께 제공하고 있습니다.

지은이 세계와 지리 연구팀

세계 지리와 역사, 문화에 대한 호기심을 키울 수 있는 콘텐츠를 연구하고, 꼭 알아야 할 지식을 선별하여 기획·편집합니다. 아이들이 전 세계 곳곳을 탐험하며 배우는 즐거움을 느낄 수 있도록 돕는 것을 목표로 합니다.

학교에서 바로 쓸 수 있는 세계와 지리 2026

1판 1쇄 찍음 - 2025년 11월 7일, 1판 1쇄 펴냄 - 2025년 11월 20일
지은이 내셔널지오그래픽 키즈 펴낸이 박상희
편집장 전지선 편집 오혜환, 이혜진 디자인 전유진 펴낸곳 (주)비룡소 출판등록 1994. 3. 17.(제16-849호)
주소 06027 서울시 강남구 도산대로1길 62 강남출판문화센터 4층 홈페이지 www.bir.co.kr 전화 02)515-2000
팩스 02)515-2007 제품명 어린이용 반양장 도서 제조자명 (주)비룡소 제조국명 대한민국 사용연령 3세 이상

WEIRD BUT TRUE! WORLD 2026
Copyright © 2025 National Geographic Partners, LLC.
All rights reserved.
NATIONAL GEOGRAPHIC and Yellow Border Design are trademarks of the National Geographic Society, used under license.

이 책의 한국어판 저작권은 National Geographic Partners, LLC.에 있으며, (주)비룡소에서 출간하였습니다.
저작권법에 의해 한국 내에서 보호를 받는 저작물이므로 무단 전재와 무단 복제를 금합니다.

ISSN 3058-4981 / ISBN 978-89-491-3271-6 74980 / ISBN 978-89-491-3269-3 (세트)

내년에도 같이 놀자!